한국 근대 여성 교육의 등불을 밝히다

스크랜튼

이화 역사의 뿌리를 찾아서 1

한국 근대 여성 교육의 등불을 밝히다

스크랜튼

이배용 · 이현진 지음

이화여자대학교출판부

간행사

21세기는 여성이 단순히 전문인이 아닌 글로벌 리더로서 지구촌의 운명을 좌우하는 시대입니다. 이에 발맞추어 이화는 여성 특유의 부드러움과 섬세함, 그리고 드높은 지성으로 인간 사랑의 근본적인 가치와 평화를 함께 만들어내는 이화정신의 세계화를 지향하며, 세계 최고의 여성 지도자 육성에 전력을 다하고 있습니다.

이 시점에서 이화역사관이 '이화 역사의 뿌리를 찾아서' 시리즈를 기획 · 발간함으로써 이화 교육의 오랜 역사와 전통을 되새기고 한국 근대사, 한국 여성사, 한국 근대 교육사에 대한 이해와 지식의 폭을 넓히고자 합니다. 이것은 여성 교육의 허브로 자리잡은 이화가 '민족의 이화'에서 '세계의 이화'로 나아가기 위한 정신적 밑거름을 다지고 이화의 정체성을 확립하는 데 기여할 것입니다.

'이화 역사의 뿌리를 찾아서' 시리즈는 1886년 한국 최초의 여성 교육기관으로 설립되어 지난 122년 동안 한국 최고의, 세계 최대의 명문대학으로 발전을 거듭해 온 이화 성장의 역사를 돌아보고, 변화와 발전이라는 이화의 비전을 공유하기 위해 기획되었습니다.

이 시리즈는 이화의 역사와 전통에 쉽게 다가갈 수 있도록 친숙한 주제와 풍부한 사진 자료로 구성될 것입니다. 이 작업은 이화인들에게 이화정신의 가치와 의미를 되새겨 참다운 이화인으로서의 정체성을 확립하고 자긍심을 고취시키는 기회를 제공할 뿐만 아니라 이화 밖의 사람들에게는 사랑과 봉사, 헌신이라는 이화의 교육 이념과 비전을 가깝게 느낄 수 있는 소중한 시간을 마련해 줄 것입니다.

2008년 10월

이화여자대학교 총장 이 배 용

책머리에

21세기는 여성의 시대라고 할 만큼 여성들의 사회 진출과 활약이 두드러지고 있다. 학교에서도 여학생 전교 회장의 비율이 높아지고 있다고 하며 교육 · 법 · 정치 · 경제 · 문화 예술 등 사회 각 분야에서 여성의 활동이 두각을 나타내면서 여성의 사회 참여는 이제 일상적이고 상식적인 일이 되어 가고 있다. 그러나 여성이 남성과 동등한 교육 혜택을 받으며 경쟁을 할 수 있는 사회 분위기가 조성된 것은 그리 오래된 일이 아니다. 역사에서 소외받았던 여성들을 위한 교육의 장이 마련된 것은 유구한 우리의 역사 가운데 불과 100여 년 전의 일이다.

개항 이후의 다양한 사회 · 경제적 변화 속에서 유교적인 전통에 입각한 여성관은 변모하게 되었고, 실학사상 · 동학사상 · 천주교 등의 영향으로 여성도 남성과 동등한 인격적 주체로 인식되기 시작했다. 이러한 가운데 여성에게도 학교를 통한 교육의 기회가 주어졌는데 그 계기 중의 하나가 개신교 선교사들의 여학교 설립이었다. 1880년대에 조선에 들어온 개신교 선교사들은 교육과 의료 사업을 통한 간접 전도의 방식을 택했고 이에 따라 선교사들에 의한 근대식 학교들이 설립되기 시작하였다.

이화학당은 바로 이러한 배경에서 설립된 최초의 근대식 여학교였다. 이화학당의 설립을 필두로 선교사들에 의한 기독교 여학교가 생겨났고, 이로써 전통적인 가정에 묶여 있던 여성들이 학교로, 교회로, 사회로 진출할 수 있는 주요한 계기가 마련되었다. 이렇듯 이화학당은 새로운 여성 교육의 전기를 마련한 근대 여성 교육의 선구적인 존재였다. 한마디로 이화학당은 배움의 기회가 주어지지 않았던 조선 여성들에게 가뭄의 단비와 같은 존재였던 것이다.

이화학당의 출발에 스크랜튼Mary Fletcher Scranton 선생의 한국 여성에 대한 사랑과 헌신이 있었다. 오직 여성들을 가르쳐야 한다는 일념으로 생각하고 계획하고, 또 계획하고 생각하며 수많은 밤을 지새운 결과가 이화학당으로 결실을 맺은 것이다. 조선에 파견된 최초의 여성 선교사, 이화학당의 창립자, 이화의 초대 메이퀸이었던 스크랜튼 선생의 일대기는 이화의 역사 중심에 자리잡고 있다.

또한 스크랜튼 선생의 활동은 초기 여성들에 대한 기독교 전파 사업에서도 중요한 의미를 지니고 있다. 스크랜튼 선생의 헌신적인 노력으로 무수히 많은 전도부인들이 양성되었고, 이들이 다시 기독교 여성 교육 사업을 이끄는 주체가 되었다. 이와 같이 한국 근대사에서 스크랜튼 선생의 활동은 선도적인 여성 인력의 양성이라는 점에서 그 의미가 크다고 할 수 있다.

스크랜튼 선생의 활동에 관한 부분은 그동안 『이화 100년사』 등을 통해 소개된 바 있다. 그런데 여기에는 주로 이화학당의 창립과 관련한 스크랜튼 선생의 일화만 언급되어 있어 전반적인 그의 일대기를 파악하는 데에는 한계가 있었다. 따라서 한국 근대사에서 스크랜튼 선생의 역할을 재조명하기 위해서는 선생의 일대기를 종합적으로 정리할 필요가 있었다. 이 글은 바로 그러한 필요성에서 시작되었다. 그러나 전 생애적인 역사를 고증하기에는 남아 있는 자료가 매우 부족하여 이 또한 쉬운 작업은 아니었다. 스크랜튼 선생과 관련한 직접적인 1차 사료가 부족했기 때문에 선생의 전반적인 활동을 보여주기 위해 주변 인물들의 회고나 전기류 등의 2차 사료들을 활용할 수밖에 없었다.

초창기의 활동들은 주로『이화 100년사』, 이화학당 관련 보고 자료, 아펜젤러Henry G. Appenzeller를 비롯하여 당시 함께 활동했던 선교사들의 기록을 참조하였고, 그동안 소개되지 않았던 본격적인 전도 사업을 시작하는 후기의 활동들은 전도부인들의 회고 및 전기 기록, 해외여선교회 연차보고서 등을 활용하여 정리하였다.

차 례

간행사_ 4

책머리에_ 6

미국 감리교회의 첫 번째 조선 파견 여선교사_ 13

조선이라는 미지의 땅을 향하여_ 25

초기 조선 생활의 어려움_ 35

배꽃 언덕에 마련된 배움의 집_ 45

'이화학당' 그 이름에 얽힌 이야기_ 55

이화학당의 교육 풍경_ 65

부녀자들을 위한 진료소, 보구여관_ 79

주일학교의 시작_ 89

열정과 헌신으로 임한 전도 사업_ 99

마지막 여생을 다시 조선에서_ 109

스크랜튼 선생과의 추억_ 115

글을 맺으며_ 121

부록

한국에서의 여성 사업
1888~1895년의 한국 여성 선교 사업에 대한 총괄 보고서_ 스크랜튼_ 126

스크랜튼 연보 _ 139

찾아보기_ 141

미국 감리교회의 첫 번째 조선 파견 여선교사

W.F.M.S.가 조선이라는 나라에 관심을 갖게 된 것은 1883년 9월 미국 오하이오 주 레베나 시에서 열린 지방 선교회 자리에서였다. 어느 누구도 조선의 여성들에게는 관심을 두고 있지 않은 상황이었다. 이때 볼드윈 부인이 조용히 일어나 조선 여성을 위한 특별 선교 헌금을 바치면서 조선 여성을 위한 선교가 제안되었고, 사업을 위한 기도가 시작되었다.

이화학당 설립자 스크랜튼 선생(1832~1909)

스크랜튼Mary Fletcher Scranton 선생이 선교사로 조선에 파견될 당시 나이는 52세였다. 스크랜튼 선생이 젊은이들조차 힘들어 하는 해외 선교 활동을 이렇게 늦은 나이에 결심할 수 있었던 연유는 무엇이었을까? 스크랜튼 선생이 선교사의 길을 걷게 되기까지는 여러 이유들이 있었겠지만, 무엇보다도 그녀의 독실한 신앙심이 그 밑바탕이 되었다고 할 수 있다. 그녀의 열정적인 신앙심은 가정환경에서부터 비롯되었다.

스크랜튼 선생은 1832년 12월 9일 메사추세츠 주 벨처 타운 Belcher town에서 감리교 벤튼Erastus Benton 목사의 딸로 태어났다. 오빠 · 조카 등 3대가 목사로 독실한 신앙을 가진 집안이었다. 이러한 가정환경의 영향을 받아 그녀는 12살 때부터 감리교회의 일에 참여하며 전도 활동에도 관심을 키워 갔다. 이후 1855년, 그녀는 제조업자인 스크랜튼William T. Scranton과 결혼했고, 1년 뒤 아들 스크랜튼William B. Scranton을 얻었다. 스크랜튼 선생의 아들은 1878년 예일대학을 졸업하고 뉴욕의과대학에 진학하여 의사가 되었다. 바로 아들 스크랜튼이 아펜셀러H.G. Appenzeller와 더불어 미국 감리교회에서 한국에 파견한 첫 선교사였고, 한국에서 의료 선교 사업을 추진했던 인물이다.*

---

* 『상동교회를 중심으로 활동한 나라와 교회를 빛낸 이들』, 기독교 대한감리회 상동교회, 10쪽.

1872년, 40세 되던 해에 스크랜튼 선생은 남편과 사별하는 아픔을 겪게 되고, 이후 클리블랜드에서 개업한 아들 내외와 함께 살게 되었는데, 이 시기는 스크랜튼 선생의 교회 활동에 전환점이 되는 시기였다. 스크랜튼 선생은 남편과의 사별 후 더욱 적극적으로 교회 활동과 전도 사업에 관심을 가지며 미감리회 해외여선교회The Women's Foreign Missionary Society of the Methodist Episcopal Church(W.F.M.S.)의 서기를 역임하는 등 임원으로서 활발한 활동을 전개하였다.*

미감리회 해외여선교회는 1869년 '여성이 여성에게 복음을 전하자'는 취지하에 조직되어 초기 한국 감리교회 여선교회 사업을 주도했던 기관이다. 1860년대 미국은 남북전쟁 이후 군대에 간 남자들을 대신하여 여성들에게 많은 역할을 부여하였고, 이로 인하여 여성들의 능력이 다방면에서 크게 신장되었으며 여성 의식도 성장하였다. 이런 사회 분위기 속에서 내적으로는 여성들의 정치 참여와 사회 활동의 폭을 넓혀 가는 여권 운동이 전개되었고 외적으로는 국내외 선교사 파견을 위한 선교 지원 운동이 활발하게 전개되었다.

---

* 이덕주, 『한국 감리교 여선교회의 역사(1897-1990)』, 기독교 대한감리회 여선교회전국연합회, 1991, 52쪽.

스크랜튼 의사(1856~1922)
사진 제공_ 상동교회

이러한 가운데 해외 여선교회 설립의 필요성이 인도 선교 사업에 대한 논의 과정에서 제기되었다. 인도 선교의 경우 수세기 동안의 관습을 깨고 배움을 원하는 수많은 소녀들과 젊은 여성들이 있지만 인도의 여사들은 "남사가 오면 도망치고, 여사들만이 접근할 수 있기 때문에 여선교사의 도움이 절실하다"는 보고가 이어졌고, 이는 선교 사업의 진전과 원활한 운영을 위해 해외 파견 여선교사들을 육성하고 지원할 여선교회 설립이 필요함을 인식하게 되는 직접적인 계기가 되었다.*

1869년 3월 23일 남보스턴에 있는 트리몬트 스트리트 감리교회Tremont Street Church에서 인도의 소녀와 여성들을 위한 교육과 의료 사업을 돕기 위한 선교사 파견이 결정되었고, 이를 지

* Mary Ishm, *Valorous Ventures*, Boston : W.F.M.S., 1936, pp.12-13.

원하기 위한 기구로서 W.F.M.S.가 결성되었다. 이렇게 결성된 W.F.M.S.는 제일 먼저 인도에 여의사를 파견하여 여성과 어린이를 위해 의료 사업과 고아 사업을 전개하였고 여성을 위한 문맹퇴치 사업을 펴는 한편 이사벨라토번 학교와 같은 여성 교육기관을 설립하여 인도 여성들을 위한 교육 사업을 전개하였다. 이후 W.F.M.S.는 중국 · 일본 · 조선 및 동남아시아 여러 나라와 불가리아 · 이탈리아 등지로 그 활동 범위를 넓혀 갔다.*

W.F.M.S.가 조선이라는 나라에 관심을 갖게 된 것은 1883년 9월 미국 오하이오 주 레베나 시에서 열린 지방 선교회 자리에서였다. 이 날의 회의는 인도 및 일본 여성을 위한 선교 사업에만 관심이 있었고, 어느 누구도 조선의 여성들에게는 관심을 두고 있지 않은 상황이었다. 이때 볼드윈L. B. Baldwin 부인이 조용히 일어나 조선 여성을 위한 특별 선교 헌금을 바치면서 조선 여성을 위한 선교가 제안되었고, 사업을 위한 기도가 시작되었다.

당시의 상황을 스크랜튼 선생은 다음과 같이 회상하였다.

> "미감리회 해외여선교회의 한국 사업은 1883년 9월 오하이오 주 레베나 작은 도시에서 시작된 것으로 볼 수 있습

---

* 이화100년사 편찬위원회 편, 『이화100년사』, 이화여자대학교출판부, 1994, 40-41쪽.

니다. 지방 선교회 모임이 그 곳에서 열렸는데 당시 주된 관심은 일본과 인도 사업에 있었습니다. 그날 연사로 나온 사람들 머리 속엔 아직도 문이 열리지 않은 한국에 대한 생각은 없었습니다. 그런데 한 나이 많은 부인이 있어 하나님께서 그의 마음과 눈을 열어 주셔서 거기에 있던 다른 사람들이 잊고 있던 것을 보고 느끼게 해주셨습니다. 그 부인은 일어서더니 말하기를 자기에게 약간의 돈이 있는데 그것을 하나님께 바치기로 결심했노라 하였습니다. 그러면서 그 돈을 선교회에 맡겨 두어 적당한 때에 한국이 문을 열고 복음을 받아들이게 될 때 사용하기를 바란다고 소원을 피력했습니다. 그 부인은 그 돈이 기초가 되어 더 많은 기금이 빨리 모아져 한국에 있는 부인과 소녀들이 예수 그리스도 안에 있는 진리를 깨닫게 되는 데 사용되기를 간절히 소원한다고 했습니다. 바로 이때부터 이 어두운 땅을 위해 하늘에 드리는 기도가 시작되었을 것이 틀림없습니다."*

* M.F. Scranton, "Woman's Work in Korea", *The Korean Repository III-1*, 1896, p. 2.

위의 보고에서도 알 수 있듯이 볼드윈이라는 노부인은 자기의 적은 헌금을 기초로 많은 기금이 모아질 것을 바랐으며, 이를 초석으로 여성들이 자기 이름도 갖지 못한 암흑의 땅, 조선에 밝은 등불이 밝혀질 수 있기를 원했던 것이다. 볼드윈 부인이 누구이며 그가 어떻게 한국에 대해 알게 되었는지는 알 수 없지만 부인의 이 작은 헌금은 W.F.M.S.가 조선 여성을 위한 선교사업을 시작하게 하는 밑거름이 되었다.

그런데 스크랜튼 선생이 W.F.M.S.의 첫 대표로서 조선에 파견되는 과정을 제대로 파악하기 위해서는 19세기 한국의 상황과 미국 감리교회의 한국 선교 사업에 대한 과정을 알아보아야 한다. 1882년 조선은 미국과 통상 조약을 체결하였다. 그리고 이듬해 4월 미국에서는 푸트Foote 공사를 한국으로, 한국에서는 8월에 민영익 일행을 전권대사로 미국에 파견하였다. 민영익 일행은 워싱턴으로 향하던 대륙 횡단 기차에서 감리교 목사이며 후에 볼티모어여자대학을 창설하는 가우처John F. Goucher 박사를 만나게 되었고, 이들의 만남은 미감리교회에서 한국에 선교사를 파견하게 되는 중요한 계기가 되었다.

민영익 일행과의 대화 과정에서 가우처 목사는 선교 지역으로서 조선에 깊은 관심을 갖게 되었고 감리교 해외선교부 와일리Wiley 감독에게 조선에 선교사 파견을 권유하며 2,000달러의 기금을 보냈다. 그러나 선교부에서는 조선에서의 선교가 시기상조라고 생각하고, 소극적인 반응을 보였다. 이에 가우처 목사는 다시 일본 주재 선교사 맥클레이Robert S. McClay에게 "한국에 가서 그 땅을 탐색하고 선교지를 물색해 주기 바란다"는 편지를 보냈다. 맥클레이는 1884년 6월 선교의 가능성을 타진하기 위해 조선을 방문하였고, 미국 공사관을 통해 조선 정부에 선교 허가를 요청하였다.

한편 이전부터 친분이 있던 김옥균에게 조선에서 기독교 사업을 시작하고자 한다는 내용의 편지를 보내 그 문제를 왕에게 건의해 줄 것을 부탁하였고, 김옥균을 통해 선교사들의 목적과 바람을 적은 문서가 왕에게 전달되었다.* 맥클레이는 개신교를 통해 선진 문명을 받아들이려고 하는 조선의 지식인들과 김옥균의 적극적인 지원을 받아 마침내 고종으로부터 학교와 병원을 설립해도 좋다는 제한적 선교 허락을 얻는 데 성공하였다.

이와 같이 맥클레이의 조선 방문은 조선 선교에 관심을 가진 사람들에게 큰 기대를 갖게 해주었고 조선에서의 선교부 설치를 위한 길을 여는 데 결정적인 계기를 만들어 주었다. 조선 방문을 마친 맥클레이의 고무적인 보고에 따라 미감리교 선교부

---

* *The Korea Mission Field*, Vol. 30-7, 1934, pp.154-155.

는 곧 한국 선교 헌금을 호소하였고, 가우처 목사의 2,000달러를 포함하여 총 5,000달러가 조선 선교 헌금으로 책정되었다. 그리고 이 과정에서 조선에서의 선교 활동을 주관할 선교사를 선발하였는데, 첫 선교사들은 조선 정부의 허가 사항인 교육과 의료 사업을 담당할 인물들로 구성되었다. 이에 아펜젤러와 스크랜튼 선생의 아들 스크랜튼 의사가 각각 교육 사업과 의료 사업을 담당할 조선 파견 선교사로 임명되었다.*

한편 조선 땅의 여성들을 위해 여선교사의 유치를 앞당길 수 있게 된 것은 일본에서 기독교인이 된 이수정의 역할이 컸다. 이수정은 1882년 농학 공부를 하려는 꿈을 안고 일본 수신사의 비공식 수행원으로 일본에 갔다가 거기서 머물면서 일본의 기독교인 농학자 쓰다센津田仙의 전도로 기독교인이 된 후 동경외국어학교의 조선어 교사로 일하며 1883년 4월 29일 세례를 받았다. 그는 당시 일본에 있던 미국인 선교사들과 각별한 관계를

---

* Mary Ishm, *Valorous Ventures*, 1936, p. 263. 아펜젤러Henry G. Appenzeller는 1858년 미국 펜실베니아 주 손더튼에서 출생. 1884년 감리교 선교부에서 한국 선교사로 임명받고, 1885년 6월 20일 내한하여 한국 감리교회를 창립하고 감리교 선교연회장으로 활약하였다. 1885년 8월 배재학당을 세우고, 1887년 한국성서번역부가 생기자 언더우드H. G. Underwood, · 게일J. S Gale 등과 함께 성서의 국역에 참여, 마태복음 · 마가복음 · 고린도전서 · 고린도후서를 맡아 1900년 완료하였다. 1889년에는 월간 『감리교 교회지』를 창간하고, 1890년 6월 25일에 조선성교서회 창립위원이 되었다. 1895년 1월 월간지 『한국유기*The Korean Repository*』를 복간, 그 편집을 맡았다. 1896년 11월 21일에는 독립문 건립 정초식에서 축사를 하기도 하였다. 1902년 목포에서 열리는 성서번역자회의에 참가하기 위해 배를 타고 가다가 목포 앞바다에서 충돌 사고로 2월 6일 익사하였다.

맺어 그들의 조선에 대한 관심을 불러일으키고 미국 선교 잡지에 조선 선교에 관한 청원을 보내는 등 미국 선교사의 조선 파견에 많은 영향을 미쳤다. 또한 성서를 번역하고 조선인들의 예배 집회를 주관하는 등 조선인들에게 복음을 전파하는 일에 최선을 다했다.* 특히 그는 조선 여성의 개화와 복음 전도에 관심을 가졌는데, 기독교를 통한 여성 지위의 향상을 꾀하고자 1884년 W.F.M.S.에 다음과 같은 글을 보냈다.

> "전 세계가 복음을 받아들이고 있는 지금 우리나라만이 홀로 잊혀져 있어야 한다는 사실은 매우 슬픈 일입니다. 제 생각에는 여자 선교사들이 매우 중요할 것 같습니다. …… 저는 여자 선교사들이 파견되기를 희망합니다. …… 그래야만 우리나라 여성들도 복음의 가르침을 통해 행복을 얻게 될 것입니다."**

이수정은 이미 1883년 일본의 미션스쿨에서 이루어진 일본 여성을 위한 사업을 관람하고 조선 여성 교육의 필요성을 절감한 바 있었고, 여성의 지위 향상을 위해서는 먼저 왕비에게 기

---

* 이화100년사 편찬위원회 편, 『이화 100년사』, 이화여자대학교출판부, 31쪽.

** Mary Ishm, *Valorous Ventures*, 1936, p. 264.

독교와 서구 문명을 가르쳐야 한다고도 생각했었다. 그리고 결국 이수정은 W.F.M.S.에 조선을 위한 여선교사의 파견을 청원하는 글을 보내게 되었다. 그의 청원은 미국의 감리교회가 조선에 여선교사를 파견할 결정을 내리는 데 중요한 영향을 미쳤다.

볼드윈 부인의 헌금과 기도, 조선측 이수정의 여선교사 파견 요청 등이 이어지면서 W.F.M.S.는 조선을 위한 첫 여선교사 대표로 스크랜튼 선생을 지명하게 되었다. 선생은 오랫동안 W.F.M.S.의 서기로 선교 사업 지원에 힘써 왔고, 마침 아들인 스크랜튼 의사가 미국 감리교 조선 선교사로 임명되었기 때문에 더욱 적임자로 여겨졌던 것이다.

스크랜튼 선생은 당시 52세라는 나이 때문에 공식적인 임명을 받아들이기를 주저했지만 W.F.M.S.의 강권으로 결국 첫 선교사의 임명을 수락하였다.

이렇게 1884년 10월 스크랜튼 선생은 미감리교회 해외여선교부의 조선 파견 첫 여선교사로 임명되었고, 아들 스크랜튼 의사는 12월 뉴욕에서 해외선교부 파울러C. H. Fowler 감독에게 목사 안수를 받아 정식 선교사로 임명되었다.

조선이라는 미지의 땅을 향하여

조선에서 하나님의 말씀을 실천하기 위해 어려운 항해를 결심했을 때 스크랜튼 선생의 나이는 52세였다. 처음에 스크랜튼 선생은 조선 선교사로 파견이 결정되었을 때 나이 때문에 망설였다. 그러나 주변의 적극적인 권유와 아들 내외와 함께할 수 있다는 점, 그리고 무엇보다도 하나님에 대한 믿음이 그녀의 마음을 움직였다.

조선에서 하나님의 말씀을 실천하기 위해 어려운 항해를 결심했을 때 스크랜튼 선생의 나이는 52세였다. 처음에 스크랜튼 선생은 조선 선교사로 파견이 결정되었을 때 나이 때문에 망설였다.* 그러나 주변의 적극적인 권유와 아들 내외와 함께할 수 있다는 점, 그리고 무엇보다도 하나님에 대한 믿음이 그녀의 마음을 움직였다.

1885년 2월 3일 스크랜튼 선생은 아들 내외와 어린 손녀 그리고 아펜셀러 목사 부부와 함께 샌프란시스코에서 아라빅Arabic호를 타고 미지의 땅을 향해 출발하였다. 이들은 2월 27일 일본의 나가사키 항에 도착하여 조선의 상황을 지켜보며 약 한 달 간 머물렀다. 당시 조선의 국내 상황은 개화파가 시도한 정치적 개혁, 즉 갑신정변이 실패로 끝난 직후라 보수적인 분위기가 팽배해 있었고, 일본 및 서구 세력에 대해서도 반감이 고조되어 있는 상태였기 때문에 선교사들이 조선에 들어가 선교 활동을 전개하는 것은 어려운 일이었다.

일본에 머무는 동안 이들은 김옥균 · 이수정 등 당시 정치적 망명, 혹은 유학차 일본에 와 있던 개화파 조선인들을 만나게 되었고, 그들을 통해 조선의 정치 상황을 듣고 한국말을 배우며

---

* *16th Annual Report of the Woman's Foreign Missionary Society of the Methodist Episcopal Church, for the year*, 1885, pp. 47–48 (『이화 100년사』, 42–43쪽에서 재인용).

아펜셀러 목사(1858~1902) 가족

스크랜튼 선생과 함께 조선에 도착한 장로교 선교사 언더우드 목사(1859~1916)

한국에서 선교할 날만을 손꼽아 기다렸다. 그리고 비록 조선 땅에서는 아니지만 조선 선교의 날을 기다리며 한국 선교부 감독으로 임명된 맥클레이의 자택에서 3월 5일 최초의 한국 선교회의Korea Mission Conference를 열기도 했다.

당시 스크랜튼 선생은 W.F.M.S.에 보내는 연차 보고에서 "일본에서의 생활은 즐거우며 선교사들의 생활 조건도 훌륭하나 나는 내 민족(조선인)에게 가서 그들 속에서 살고 싶다"고 당시의 심정을 토로했다. 또한 불안하던 당시 조선 정세에 대해서도 "사람의 생각으로는 모두 안전하지 못함을 알지만 약속은 사람의 지혜보다 더 높은 곳에 있는 줄 믿기에 조금도 두렵지 않다. 가능한 대로 빨리 일할 수 있도록 준비 중이다"라고 하여 미지의 나라에서의 불확실한 앞날에 대해 다소의 불안을 느끼면서도 하나님의 부름과 약속에 대한 확고한 믿음을 가지고 이를 극복하고 있음을 고백했다.*

조선으로의 출발 계획은 일본에 도착한 지 한 달이 지난 후에 추진되었다. 갑신정변 이후 불안한 조선의 정국을 고려하여 한꺼번에 움직이는 것보다는 일행을 나누어 조선에 들어가는 것이 좋을 것이라는 맥클레이의 충고에 따라 1885년 3월 31일 제일 먼저 1차 선발대로 아펜셀러 부부가 조선을 향해 출발하였다. 그 배 안에는 미국 북장로회에서 파송한 언더우드H. G. Underwood도 동승하고 있었다.** 부산을 거쳐 4월 5일 제물포에 도착한 날은 마침 부활 주일이었다. 아펜셀러 부부는 이곳에 상륙해서 일본인이 경영하는 호텔에 1주일 머물다가 4월 13일 다시 일본으로 돌아갔다. 서울 분위기가 아직 외국인 여성이 거리에 나서면 봉변을 당할 위험이 있다는 미국 공사의 충고 때문이었다.*** 특히 아펜셀러 부인은 그 당시 임신중이었다. 그러나 미혼이었던 장로교의 언더우드는 입경을 강행해서 성공했다.

당시의 상황을 아펜셀러는 다음과 같이 회고하였다.

---

* *16th Annual Report of the Woman's Foreign Missionary Society of the Methodist Episcopal Church, for the year*, 1885, pp. 47-48(『이화 100년사』, 42-43쪽에서 재인용).

** 언더우드Horace Grant Underwood는 1859년 영국에서 태어났고, 8세 때 미국으로 건너가 뉴욕대학을 졸업하고 미국 네덜란드계 개혁 신학교를 수료했다. 1885년 4월 미국 장로교 선교부의 선교 목사로 한국에 와서 연세대학교의 전신인 연희전문학교를 세웠다. 선교사, 저술가, 성서 번역자, 편집인, 교육자, 설교자로서 평생을 한국에서 일하다가 1916년 10월 12일 애틀랜틱 시에서 세상을 떠났다.

*** 이만열 편, 『아펜젤러-한국에 온 첫 선교사』, 연세대학교출판부, 1985, 268-272쪽.

"진실로 우리는 수많은 위험들, 외적인 위험들과 보이지 않는 위험들을 거쳤습니다. …… 일행 중 몇 명이 4월 5일에 한국에 상륙하였으나 정치적 불안정과 곤경 속에서 시작하려고 애쓰다가 일을 망치지 않을까 하는 위험 때문에 서울에 가는 것이 허락되지 않아 할 수 없이 얼마 동안 일본으로 철수하지 않을 수 없었습니다."*

이와 같이 갑신정변 이후 청일간의 세력 다툼이 확산되고 사회적 불안 상태가 지속되어 외국인의 생명과 재산 보호가 제대로 확보될 수 없는 처지였기 때문에 감리교 선교사들의 서울 입성은 또다시 지체될 수밖에 없었고, 좀더 추이를 지켜보아야 했다. 그런데 4월 18일 일본과 청국 간의 천진조약이 체결되면서 어느 정도 전쟁의 기운이 걷히자 일본에 있던 감리교 선교사들은 아펜셀러 목사 부부가 실패한 지 한 달 후 서울 입성을 다시 시도하였다.** 이번에는 스크랜튼 의사가 나섰다. 지난번 아펜셀러의 경우 부인 때문에 입경이 이루어지지 않은 점을 감안해 스크랜튼 의사 혼자서 출발했다. 스크랜튼

---

* 앞의 책, 271–272쪽.
** 앞의 책, 272쪽.

미국 북장로회 선교사로 최초로 내한한 알렌이 설립한 서양식 병원인 광혜원

의사는 5월 3일 인천에 도착해서 서울에 들어왔는데 도착해서는 먼저 당시 알렌이 운영하고 있던 제중원에서 알렌을 도와 일을 시작했다. 미국 북장로교 선교 의사로서 한국에 온 알렌 Horace N. Allen은 갑신정변 당시 크게 다친 민영익을 치료해 준 것을 인연으로 국왕의 신임을 얻어 1885년 2월 한국 최초의 서양 병원인 광혜원을 설립했다.* 광혜원은 이후 제중원으로 개칭되었고, 지금의 세브란스병원의 선신이 된다.

제중원에서 알렌의 일을 도우면서도 스크랜튼 의사는 독자적인 주택과 선교 부지를 확보하기 위해 애를 썼다. 독자적인 감리교 선교 활동을 위한 근거지 확보를 위해 노력한 결과, 마침

---

* 알렌은 1884년 9월 장로교 의료 선교사로 내한한 이래, 주한 미국 공사관의 서기관 · 대리공사 · 전권공사 등을 역임하였고, 1905년 5월 공사직에서 해임, 귀국할 때까지 21년간 한국에서 외교관 생활을 한 인물이다.

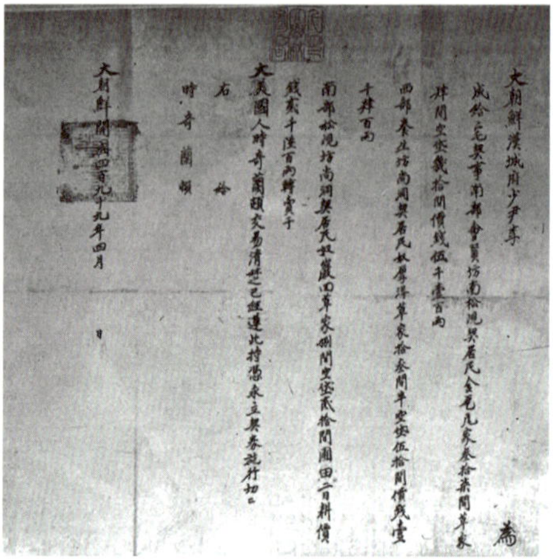

선교 부지 토지 계약서
사진 제공_ 상동교회

내 정동의 언덕 위에 위치한 한국식 가옥을 선교부 소유지로 구입할 수 있었고, 이를 근거지로 하여 스크랜튼 의사는 본격적인 의료 사업을 개시하였다.

스크랜튼 의사가 구입한 정동의 집은 서대문과 서소문 중간쯤에 자리한 성벽 언덕 아래 한옥집이었다. 이 집은 조선 말기 판서 벼슬을 지낸 권명국의 소유였다가, 역시 판서 벼슬을 한 민지상이 살던 집이었다. 넓은 마당과 사랑채와 헛간이 딸린 독립 가옥 두 채였는데 그 규모는 1,800여 평에 달했다.* 스크랜튼 의사가 정동에 자리를 잡은 후 6월 20일 드디어 스크랜튼 선생

* 이덕주 지음, 『개화와 선교의 요람-정동이야기』, 대한기독교서회, 2002, 68쪽.

은 며느리와 손녀, 아펜셀러 목사 부부, 장로교 의료 선교사 헤론 부부와 함께 서울에 입성하여 이곳에 여장을 풀었다.* 두 채의 가옥 중 서쪽 집은 아펜셀러 내외가, 동쪽 집은 스크랜튼 가족이 거주하기로 했다. 아펜셀러가 본국에 보낸 1885년 8월 17일자 편지를 보면 당시 이곳의 한옥 가옥 구조를 짐작할 수 있다. 아펜셀러는 편지에서 'ㅁ'자 형의 한옥 가옥 두 채를 그림으로 그려 집의 배치에 대해 상세히 설명하였다.

"…… 이 가옥의 동쪽 반은 스크랜튼 박사가 사용하고 서쪽은 제가(아펜셀러) 사용할 생각입니다. …… 스크랜튼 박사의 부지는 폭이 103피트, 길이가 272피트요, 반대편 서쪽 부지는 남쪽 정면이 197피트, 뒤쪽이 80피트로, 길이는 스크랜튼 박사 부지보다 조금 짧습니다. '우리가 앞으로 사고자 하는 소유지'는 언덕 위에 위치해 있는데 북쪽에서 동쪽으로 늘어서 있습니다. 이 소유지는 언덕 전체에 걸쳐 있고, 미국 공사관과 거의 인접해 있으며 미공사관은 현재 우리가 묵고 있는 곳에서 한 구역 정도밖에 떨어져 있지 않습니다. 그 바로 옆 서쪽에는 장로교 선교부 소유지가 이

* 헤론John W. Herron은 미국 장로교 선교부의 의료 선교사로서, 1885년 6월 조선에 와서 알렌 박사의 후임으로 고종의 시의가 된 인물이다.

웃하고 있습니다."*

위의 글에서도 알 수 있듯이 당시 정동 일대는 미국 공사관을 중심으로 미국 장로회 선교부, 감리회 선교부가 위치해 있었고, 1882년 이후 조약을 체결한 영국 · 러시아 · 독일 · 프랑스 공사관들이 이 지역에 밀집되면서 서구화와 개신교 선교의 요람으로 자리잡게 된다. 또한 아펜셀러가 구입하기를 바랐던 언덕 위의 집터는 향후 이화학당과 보구여관이 들어서게 될 자리였다.

---

* 이만열 편, 『아펜젤러』, 1985, 276쪽.

초기 조선 생활의 어려움

그렇게도 기대하던 한국 선교였지만 스크랜튼 선생은 선교 활동을 시작할 수 있는 일이 거의 없었다. 할 수 있는 일이라고는 가능한 한 조선 사람들의 인심을 얻고 빨리 언어를 습득하는 일뿐이었다. 그러나 그것조차 쉽지 않았다 한국말을 배우기 위해서는 한국인들을 가까이하고 이들과 친해져야 했는데 한국 사람들은 서양인들을 보면 숨거나 도망가기 바빴다.

1885년 6월 20일, 스크랜튼 선생은 드디어 기다리고 기다리던 한국 땅에 첫발을 내디뎠다. 그런데 스크랜튼 선생을 비롯한 조선 파견 선교사들의 눈에 제일 먼저 들어온 것은 오물이 널려 있는 좁고 지저분한 거리의 모습이었다.* 또한 전기 시설도 제대로 갖추어지지 않아 거리는 온통 어둠 그 자체였다. 이러한 조선의 모습을 스크랜튼 선생은 암흑의 땅, 어둠의 나라라고 묘사했다.

이와 같이 스크랜튼 선생뿐 아니라 당시 조선에 입국한 선교사들의 눈에 조선은 문명화가 이루어지지 않은, 관습에 얽매어 빈곤의 나락에서 헤어나지 못하는 나라로 인식되었다. 그리고 이러한 인식은 하루라도 빨리 조선 사람들에게 복음을 전하고 발달된 서구 문명을 전파하여 조선인들을 고통에서 구원해야 한다는 생각을 갖게 하였다.

스크랜튼 선생 또한 하루라도 빨리 고통받는 조선인들, 특히 조선 여인들을 위해 복음을 전하고 이들이 좀더 나은 생활을 할 수 있도록 돕고 싶어했으며, 조선 여인들을 구원하는 일이야말로 이 땅에서 자신이 해야 할 신의 사명이라 믿었다.

그러나 당시 한국 사정으로는 외국인이 전혀 환영받지 못하

---

* 이만열 편, 『아펜젤러』, 1985, 273쪽.

던 때였으므로 스크랜튼 선생을 비롯한 선교사들은 미국 대리공사로부터 말과 행동에 각별히 조심하라는 경고를 받았다. 그렇게도 기대하던 한국 선교였지만 스크랜튼 선생은 선교 활동을 시작할 수 있는 일이 거의 없었다. 할 수 있는 일이라고는 가능한 한 조선 사람들의 인심을 얻고 빨리 언어를 습득하는 일뿐이었다. 그러나 그것조차 쉽지 않았다. 한국말을 배우기 위해서는 한국인들을 가까이하고 이들과 친해져야 했는데 한국 사람들은 서양인들을 보면 숨거나 도망가기 바빴다. 그리고 한국어를 배우려면 교재와 선생이 필요한데 마땅한 교재도 선생도 구하기가 힘들었다. 당시의 상황을 스크랜튼 선생은 다음과 같이 보고했다.

> "조선인을 가까이하는 일과 말을 하는 일은 어려웠다. 우리가 부녀자가 있는 집에 가까이 가기라도 하면 그녀들은 창문을 닫고 커튼 뒤로 숨어 버렸고 어린이들은 으악 소리를 지르고 울부짖으며 달아났다. 말을 배우자니 책도 없고 선생다운 선생도 없었으며 통역이란 사람도 간단한 단어밖에는 하지 못하는 사람들이었다. 명사의 낱말을 배워 쓰는 데는 그런대로 뜻이 통했지만 동사를 쓰고자 할 때 손짓, 발짓으로 시늉을 하여야 겨우 의사가 통하였으므로 우

습다기보다는 진땀이 나는 일이었다."*

이러한 의사소통의 문제는 학교 설립 이후에도 계속되었다. 처음에는 서로간에 말이 통하지 않아 수업 시간에 학생들이 수업 내용을 제대로 이해하지 못하는 경우가 많았다. 그러나 서양인 교사들과 함께 생활하면서 학생들은 점차 영어에 익숙해졌고, 영어에 능통한 자가 배출되면서 오히려 병원 등지에서 외국인 의사들의 통역을 담당하는 역할을 하기도 했다. 이렇듯 의사소통의 문제는 학교가 설립되고 본격적인 수업이 이루어지면서 오히려 조선인 학생들이 영어에 익숙해지자 자연히 해결되는 모습을 보여주었다.

한편 의사소통의 문제뿐 아니라 스크랜튼 선생과 초창기 선교사들의 생활은 문화적 차이에서 많은 어려움을 동반하고 있었다. 가장 직접적인 생활의 어려움은 의식주에서 비롯되었다. 당시에는 감자나 밀가루와 같은 서양 음식의 재료가 되는 것을 한국에서 구할 수가 없었다. 따라서 이러한 것들은 일본으로부터 가져와야 했는데 그나마 가져온 곡류는 장마가 시작되자 곰팡이가 나고 상해서 사용할 수 없게 되어 버렸다. 또한 수입하

---

* M.F. Scranton, "Woman's Work in Korea", *The Korean Repository* Ⅲ-1, 1896, p. 3.

는 과정에서 발생하는 비용 상승은 선교사들의 생활비를 가중시켜서 선교 활동에 따르는 재정 문제에도 좋지 않은 영향을 미쳤다.* 스크랜튼 선생도 "생필품을 살 수 있는 게 매우 적다는 것, 입고 먹을 것을 바다 건너에서 사와야 한다는 사실"이 한국 생활에서의 어려움이라고 지적하였다.** 기본적인 의식주 생활에서 겪는 어려움에 대해 스크랜튼 선생은 W.F.M.S.에 다음과 같이 보고했다.

"…… 나의 응접실 겸 서재는 여덟 자에 열두 자 가량 되는데 한쪽 벽을 내놓고는 삼면이 모두 종이로 바른 문인데 …… 여름 동안은 그런대로 괜찮았으니 겨울이 되면 큰 곤란이 있었다. 밝음과 햇볕을 받아들일 유리창이 하나도 없었던 것이다. 그런데 어느 날 대리공사 포크George Clayton Foulk 씨가 반갑게도 사진 유리판 석 장을 선사해 주어서 나는 이것을 내 책상 옆에 있는 창호지에 끼우고 한쪽 눈으로나마 바깥 하늘을 내다보게 되어 무척 기쁘고 자랑스러웠다. 선교사들이란 세상을 떠나 사는 사람들이므로 '무엇

* 이만열 편, 『아펜젤러』, 1985, 274–275쪽.

** *18th Annual Report of the Woman's Foreign Missionary Society of the Methodist Episcopal Church for the year 1887*, pp. 50–51.

을 먹을까'를 걱정해서는 안 되겠지만 첫 여름을 지내는 동안 선교사들은 먹을 것에 대해 걱정을 하지 않을 수 없었다. 그동안 아껴 온 음식물들은 나무통 속에서 모두 부패해 버리고 그것을 사올 일본과 중국 땅은 너무 멀리 떨어져 있었다. 쇠고기는 병든 고기일 위험이 있어 먹지 못하였고 감자나 다른 채소들은 없었다. 닭고기와 달걀은 있었으나 모양만 고향의 것과 닮았을 뿐 맛은 매우 달랐다. 그래도 할 수 없어 닭과 달걀만 내리 한두 달을 먹고 나니 나중에는 코 속에서 닭 냄새가 났다." *

기본적인 의식주 생활에서의 어려움은 초기 선교사들이 겪어야 했던 시련 가운데 하나였다. 여기에 더하여 당시의 화폐 사정도 외국인 선교사들을 힘들게 했다. 아펜셀러가 선교부에 보낸 보고서를 보면 당시 선교사들이 조선에서 화폐 교환 업무 때문에 얼마나 힘들어했는지를 잘 알 수 있다.

"돈을 국내 유통 화폐로 바꾸는 데 대단한 어려움을 겪고 있습니다. 경험해 보지 못한 사람은 우리가 처해 있는

* M.F. Scranton, "Woman's Work in Korea", *The Korean Repository* Ⅲ-1, 1896, pp. 2-3(『이화100년사』, 44-45쪽에서 재인용).

곤란을 헤아리지 못할 것입니다. 은행 당좌계정은 일본에 보관해야 합니다. 멕시코달러(은화)를 제물포에서 가져와서 다시 한국 돈으로 바꾸기 위해 파는데, 이 한국 돈을 수레로 나르기 위해 별도의 돈을 지불해야 합니다. 선교부의 회계를 맡고 있는 형제(스크랜튼 의사)는 '나는 그만둘 생각이네. 너무 시간을 많이 빼앗겨' 하고 말했습니다. …… 돈을 교환하는 데 시간이 너무 많이 듭니다. 더 많은 시간을 직접적인 선교 업무에 할애하고 싶습니다. 300달러를 세는 데 8명의 직원이 한 시간 반이나 걸리고, 그동안 속이는 것을 막기 위해 줄곧 서서 지켜보아야 하고……."*

이 모든 것이 문화적으로 다른 낯선 이국땅에서 겪어야만 했던 선교사들의 어려움이었다. 그러나 이들에게 가장 견디기 힘들었던 것은 서양인들에 대한 조선인들의 의심과 편견이었다. "한국 아이를 살찌워 피를 빨아 먹는다", "아이들을 잡아다가 갈아서 사진 만드는 약으로 사용한다"는 등 서양인들에 대한 터무니없는 소문까지 퍼졌다. 심지어 스크랜튼 선생을 '서양 도깨비'라고 부르기도 했다. 시대적인 위기의식에서 비롯된 조선인들의 서양인들

---

* 1886.4.2 편지. 이만열 편, 『아펜젤러』, 1985, 284쪽.

상동교회에서 예배 본 후에 선교사들 사진 제공_ 상동교회

에 대한 배타적인 태도는 이들을 상대로 선교 활동을 펼쳐야 하는 선교사들에게 닥친 가장 큰 어려움이었다.

무엇보다 조선인들의 관심을 끌고 이들의 마음을 사로잡기 위해 노력해야 하는 일이 가장 급선무였다. 그러므로 스크랜튼 선생은 이러한 어려움들을 하나님에 대한 믿음으로 극복하고 있었다.

"…… 처음 몇 달 동안의 경험은 여러 가지 시련을 겪어야 했음에도 불유쾌한 것은 아니었다. 처음에는 암담하기도 했으나 '한국에 오게 된 것이 기뻤다'고 말할 수 있다. 우리가 한국인들의 마음에 들었건 들지 않았건 한국인들이 우리 마음에 든 건 사실이며 그들에게 하나님의 축복을 전 하고자 하는 욕망이 점점 커져 갔다."*

스크랜튼 선생은 "모든 일은 하나님이 하실 것이며 그 분이 이 일을 실패하게 내버려 두시지는 않을 것"이라는 강한 믿음을 가지고 인습에 얽매인 조선의 여성들을 위해 해야 할 사업을 하나씩 진행시켜 갔다. 스크랜튼 선생은 한국인의 기질과 생활 습관에 익숙해지기 위해 노력하였고, 조선 여성들을 가르칠 교육기관을 설립하기 위해 건물과 대지를 마련할 계획을 세웠다. 스크랜튼 선생은 그것이 하나님의 말씀을 실천하는 길이며 암흑의 땅에서 사는 조선 여성들에게 복음을 전하여 참사람으로 거듭나게 하는 길이라고 생각했다. 그리하여 여학생을 구하기 위해 동분서주 뛰어다녔다. 남학생도 허용했다면 학생 구하기가 그렇게 어렵지는 않았겠는데 스크랜든 선생은 오로지 여성의 인간화와 밝은 세상을 위한 하나님께서 주신 소명을 다하기 위해 고난과 시련의 길을 택하였던 것이다.

---

* *The Korean Repository* Ⅲ-1. pp. 3-4.

배꽃 언덕에 마련된 배움의 집

마을마다 소년들을 위한 서당과 학교만 있을 뿐 소녀들을 가르칠 만한 어떠한 교육기관도 존재하지 않았다. 남성과는 달리 학문을 배울 수 있는 기회도 갖지 못하고, 이름조차 갖지 못한 채 묵묵히 일만 하는 조선 여성들을 볼 때마다 선생은 하루라도 빨리 이들을 위한 교육기관을 세워야겠다는 생각이 간절했다.

스크랜튼 선생은 한국의 여성을 깨우치고 선교를 위해서는 교육이 급선무라는 신념을 가지고 학교 설립을 위한 계획을 수립하였다. 서울에 도착한 직후 스크랜튼 선생은 일단 아들의 집에서 조선 여성을 위한 교육 사업을 실시하려고 했다. 그러나 서양인에 대한 의심과 편견이 팽배해 있는 상태에서 내외법을 미덕으로 여기고 있는 당시 조선 여성들을 상대로 교육 사업을 실현하기란 쉬운 일이 아니었다.

마을마다 소년들을 위한 서당과 학교만 있을 뿐 소녀들을 가르칠 만한 어떠한 교육기관도 존재하지 않았다. 남성과는 달리 학문을 배울 수 있는 기회도 갖지 못하고, 이름조차 갖지 못한 채 묵묵히 일만 하는 조선 여성들을 볼 때마다 선생은 하루라도 빨리 이들을 위한 교육기관을 세워야겠다는 생각이 간절했다. 마침 미국 공사관과 장로교 선교 부지가 바라다보이는 곳의 땅을 판다는 소식이 들렸다. 선생은 바로 W.F.M.S.에 19채의 초가집이 들어서 있는 언덕 위의 이 부지를 살 수 있도록 허락해 달라는 서신을 보냈다. 미국에 있는 친구들에게는 환등기, 지구본, 애플턴 도표, 오르간 등의 교육 자료와 건축을 위한 경비 등을 부탁했다.*

---

* *16th Annual Report of the W.F.M.S. of M.E.C.*, 1885, pp. 47–48.

10월 23일 각종 서류를 갖추어 약 5에이커(약 6,120평)에 달하는 토지를 450달러에 구입하고 이듬해인 1886년 2월 마침내 건축을 시작하였다. 조선 여성들을 위한 학교 교사校舍와 부인 진료소를 세우려는 계획은 하나, 둘 결실을 보기 시작했다. 스크랜튼 선생은 새 집을 짓기 위해 작업장에서 일꾼들이 내는 시끄러운 소음들조차 아름다운 음악으로 들릴 정도로 기쁨에 가득 차 있었다.

그러나 바로 그 무렵 선교 본부로부터 건물을 위한 추가 예산이 책정되지 않았다는 안타까운 소식이 들려왔다. 선생은 미국에 있는 친구들에게 백방으로 이러한 급박한 사정을 알렸고, W.F.M.S.에도 새 건물이 필요함을 간절히 호소했다. 이러한 선생의 기도와 청원은 헛되지 않았다. 일리노이 주 오크파크Oak Park의 블랙스톤M. E. Blackstone 부인이 3,000달러를 보내 주었고 W.F.M.S. 뉴욕지회의 700달러가 적절한 시기에 도착하여 11월에 소망하던 교사의 낙성을 보게 되었다.

배꽃이 흐드러지게 핀 언덕 위에 '서울에서 가장 전망이 좋은 집'이 조선 여성들을 위한 배움의 터전으로 완성된 것이다. 그 규모는 전면 88피트, 측면 80피트 크기의 건평 약 200평이 되는 상당히 큰 한식 기와집으로 35명 정도의 학생을 수용할 수 있는 교실 · 당장실 · 교무실 · 기숙사를 갖춘 곳이었다.*

이화학당 첫 교사(1886)

건물이 완성되어 갈 때쯤 스크랜튼 선생은 희망에 차 있었다. 집이 완성되면 지원자가 많이 올 것이라고 생각한 것이다. 그러나 여전히 학생을 구하기란 쉽지 않았다. 여성들은 밤에만 외출이 허락되었기 때문에 학생 모집에 제한이 있었다. 그래서 스크랜튼 선생은 거리에서 고아를 찾거나 가난한 집을 찾아다니며 딸을 무료로 교육시켜 주겠다고 부모를 설득하여 학생들을 모집하려 했다. 그러나 이 또한 부모들이 서양인에게 딸을 맡기면 다시는 못 보게 될까 봐 두려워서 학교에 보내려 하지 않아 제대로 이루어지지 못했다.

이와 같이 서양인들에 대한 잘못된 이해가 초기 학생 모집을 방해하는 가장 큰 장애였다. 서양인들에 대한 의심과 편견이 퍼지면서 아무도 딸을 학교에 보내지 않을 뿐 아니라 학교에 보내려는 사람들까지 방해를 하고 비난을 하였다. 여기에 더하여 콜레라까지 만연하자 부득이 학교 문을 닫아야 하는 상황까지 발생하였다.**

1886년 당시 스크랜튼 선생이 처음으로 가르칠 수 있었던 학생은 학당이 완성되기 전 5월 정동의 스크랜튼 선생 집을 찾아온 김부인이었다. 김부인은 한 관리의 소실로 영어를 배워 왕비

---

* 『이화100년사』, 48–49쪽.

** *18th Annual Report of the W.F.M.S. of the M.E.C.*, 1887, p. 50.

의 통역관이 되고자 하였다. 그러나 이렇게 처음으로 맞은 학생은 병이 들어 석 달 만에 그만두게 되었다.

이어 6월에 두 번째 학생으로 꽃님이라는 열 살쯤 된 소녀가 선생을 찾아왔다. 가난한 어머니가 도저히 딸을 부양할 길이 없어 맡기러 온 것이다. 그러나 그 어머니는 몇 달 못 가 다시 딸을 데려가겠다고 찾아왔다. 이웃 사람들이 비정한 어머니라고 비난하며, 서양인들이 처음에는 잘 대우해 주다가 미국에 데리고 가 어떻게 할지 모른다고 겁을 주었기 때문이다. 결국 스크랜튼 선생은 학생을 결코 이 나라 밖으로 데리고 가지 않는다는 각서를 써주고 나서야 그 어머니를 안심시킬 수 있었다. 이 학생은 이화학당의 최초의 영구 학생permanent pupil이 되었다.

그 다음 영구 학생은 별단이라는 네 살쯤 된 어린아이였다. 이 아이는 1886년 여름 서울에 콜레라가 만연하여 수많은 사람들이 죽어 성 밖에 버려지고 있을 때 스크랜튼 의사가 지나다가 서대문 근처에 버려진 여자 환자와 어린아이를 발견하고 병원에 데려다가 입원을 시켰는데 그 아이가 별단이었다.

그 후 네 번째로 온 학생이 김점동, 훗날 우리나라 최초의 여의사가 된 박에스터이다. 그녀의 아버지는 아펜젤러 목사를 돕던 사람으로 비교적 서양인에 대한 이해가 있었기에 딸의 입학을 허락할 수 있었다. 박에스터는 학당의 가르침을 인연으로 미

이화학당의 네 번째 학생이자 한국 최초의 여의사인 박에스터(김점동, 1877~1910)

국에 건너가 의학을 공부하고 돌아와 한국인을 위해 의술을 편 최초의 여자 양의사가 되었다.* 박에스터란 이름은 남편 박유산의 성과 세례명 에스터를 따서 지은 것이다.

겨우 3명의 학생에 불과했지만 스크랜튼 선생에게는 너무도 소중한, 보석 같은 아이들이었다. 선생은 이들을 정성껏 보살피고 가르쳤다. 초기의 학생 모집 과정에서 스크랜튼 선생은 계속 꽃님이와 같은 경우를 되풀이 겪었지만 결코 포기하지 않았다. 이러한 악조건 속에서도 스크랜튼 선생이 여자아이들만 모집하려고 애쓴 것은 본래의 W.F.M.S.의 목적에 충실하고자 했기 때문이다.

이미 앞에서도 보았지만 미감리회 해외여선교부의 설립 이

---

* 『이화 100년사』, 49–51쪽.

이화학당 초기의 학생들

념은 “여성에게 여성이 복음을 전한다”는 것이었다. ‘여성에 의한 여성 선교’라는 선교 이념을 구체화시키는 과정에서 여선교회는 우선적으로 여성 사역자, 즉 여성 선교사 양성이 필요함을 인식했다. 즉 종래 남성 선교사들에 의해 독점되어 왔던 선교 역사 속에서는 여성들의 참여와 활동에 많은 제약이 있었고 여성들의 잠재 능력을 최대한 개발하여 인류 공동의 정의 사회를 구현하는 데는 한계가 있음을 깨닫게 되었던 것이다. 따라서 여성에겐 여성이 복음을 전해야 한다는 입장을 취하게 되는데, 미 감리회 해외여선교부가 본국이나 피선교지에서 다른 어떤 사업보다도 여성들의 ‘교육’에 치중한 이유도 여기에 있다. 여성 사역자를 양성한다는 취지하에 여성 학교와 대학을 설립하여 인재 양성에 주력했던 것이다. 한국에 진출한 초기 여선교사들의 대부분이 교육 전문가들이었다는 사실이 이 점을 증명해 준다. 그들은 한국에서 활동하는 동안 한국 여성에게 한국 여성이 복음을 전하게 한다는 선교 이념을 갖고 선교에 임했다. 한국 감리교회가 많은 여성 지도자를 배출하게 된 것도 이러한 초기 선교사들의 교육 정책의 결과로 해석할 수 있을 것이다.*

하나 둘씩 학생들이 들어오고 그들의 생활이 알려지면서 스크랜튼 선생을 비롯한 선교사들에 대한 편견은 조금씩 사라지기 시작했다. 1886년 11월 한옥 기와집 교사를 짓고 이사를 할 때 4명이던 학생은 1887년 11명으로 늘었다. 그 때를 스크랜튼 선생은 다음과 같이 회고했다.

> "한국에 온 지 겨우 2년 3개월이 된 지금 뒤를 돌아다보면 컴컴한 어둠 속을 들여다보는 것 같다. 한치 앞도 내다볼 수 없는 상황들이었다.…… 우리에게는 아름다운 집과 11명의 여학생이 있다. 그들의 기도 모임에서 하나님을 찬양하는 음성과 밝은 얼굴들을 볼 때 한국은 성공적임을 느낄 수 있다." **

---

* 이덕주, 『한국 감리교 여선교회의 역사(1897–1990)』, 1991, 기독교 대한감리회 여선교회 전국연합회.

** *18th Annual Report of the W.F.M.S. of M.E.C.*, 1887, pp. 51–52.

스크랜튼 선생의 회고에서처럼 11명의 여학생들은 한국에서 여성들의 잠재력을 불러일으키는 작은 불씨였다. 여성 교육에 대한 스크랜튼 선생의 확고한 의지와 조선 여성들의 내면에 잠재한 교육에 대한 열정은 배꽃 언덕 위 배움의 집에서 서서히 그 불씨를 당기고 있었다.

'이화학당'
그 이름에 얽힌 이야기

스크랜튼 선생은 김윤식이 임금께 몇 개의 학교 이름을 지어 품의하였다는 소식을 들었는데, 몇 주일 뒤에 왕이 가장 적합하다고 생각되는 학교 이름을 선택하여 보내 주었다는 것이다. 김윤식이 품의한 학교 이름 가운데는 스크랜튼 선생이 원하던 '전신'이란 이름도 있었는데 왕은 그보다도 '이화'를 선택하여 외아문에 명하여 한문으로 '梨花學堂'이라는 이름을 써서 하사하셨다.

이화학당 전경

보다 안정적인 학생의 모집과 학교 운영을 위해 스크랜튼 선생은 조선 정부의 도움을 얻을 방법을 강구하였다. 이러한 과정에서 정동의 여성 배움터는 1887년 2월 정식으로 학교명을 갖게 된다. 스크랜튼 선생은 당시 교명을 하사받게 된 경위를 다음과 같이 보고했다.

> "외무대신(김윤식)이 나를 위하여 내가 정부의 신뢰를 받고 있다는 사실을 국민에게 보여줄 어떤 일을 해주겠다고 하더니 그 약속대로 며칠 뒤 학교 이름을 보내 주었다. …… 곧이어 기수를 보내 주었다. 기수는 관리에 부수된 군인으로 외출을 할 때 늘 관리를 호위하고 펀시도 삿다 수며 심부름을 해주었다. 이런 사람을 채용한다는 것은 왕의 특별한 호의가 아니면 있을 수 없는 일로 한국인의 생각으로는 굉장한 일인 것이다. 내가 비록 그 군인의 비용을 지불하여야 했지만 우리의 일에 여러모로 도움이 되어 주었다. 학교 이름은 훌륭한 정도는 못 된다 할지라도 왕이 내려준 것이기에 더욱 중요한 것이다. 당초 내게 전신학교專信學校, Entire Trust School라고 줄 것 같더니 조선 관료들은 그것보다는 지금 대문에 달려 있는 그것(이화)으로 바꾼 일이 더 좋다고 생각하는 것 같았다." *

그동안 이화학당의 명칭 하사와 관련하여 명성황후가 하사했다는 설과 고종 황제로부터 하사받았다는 설들이 있었다. 그런데 최근 이러한 논쟁은 고종이 교명을 하사했다는 것으로 정리되었다. 『이화 100년사』에서는 스크랜튼 의사의 편지를 인용하며 고종이 교명을 하사했음을 분명히 밝혀 놓았다.

다음은 『이화 100년사』에 기록된 이화학당 명칭 하사 과정에 대한 내용이다.

> "학생 문제로 고민하는 스크랜튼 선생에게 외아문에서 일하는 부인의 통역이 외아문 대신과 그 막료들에게 초청장을 한번 보내 보라고 권하였다. 처음에는 관리들과 면식도 없는 사이여서 부인이 주저하자 그는 외아문의 관리들이 그녀의 집과 사업에 대해 알고 싶어하니 중간에 사람을 넣어 통해 보라고 귀띔을 해주었다. 그리하여 용기를 내어 초청 날짜 등은 통역이 주선하기로 하고 부인은 관리들을 성공적으로 접대하기 위해 만반의 준비를 갖추었다. 초청에 응한 사람은 장관과 차관들 4명 중 3명이었는데 다른 한 명의 차관은 대궐에 대기해야 할 당번이어서 부득이 불참

---

* *18th Annual Report of the W.F.M.S. of the M.E.C.*, 1887, p. 50 (『이화 100년사』, 53–54쪽에서 재인용).

하였을 뿐이었다.

스크랜튼 선생은 먼저 W.F.M.S.의 한 지회에서 교육용으로 보내 준 환등기를 돌려 유럽과 미국의 풍경과 성경에 관련된 장면들을 비추었는데 손님들은 지칠 줄 모르고 되풀이하여 보면서 즐거워하였고 비상한 관심을 보였다. 이어서 그들에게 저녁을 대접한 뒤 여학생들을 불러 그동안 배운 성경을 문답식으로 물어 교육 내용을 시범하였는데 관리들의 칭찬이 끝이 없었다.

이런 분위기 속에서 스크랜튼 선생은 자신의 고충을 털어놓았다. 사회 일반에 퍼져 있는 '한국 아이를 살찌워 피를 빨아 먹는다'는 등의 악의에 찬 소문이 서양인측에서 보면 우스꽝스러운 말이지만 소박한 대중은 그대로 믿어 딸을 학교에 보내지 않을 뿐 아니라 맡겼던 딸까지 다시 찾아가 버리기 때문에 어려움이 많음을 호소하였다. 이 고충을 들은 김윤식은 스크랜튼 선생의 사업에 깊은 감명을 받았다고 하며, 우리 여아들을 훌륭히 가르치는 일에 대해 감사하면서 조만간 그 악의에 찬 소문을 가라앉힐 모종의 선물을 보내 주겠다고 약속하였다.

그 후 스크랜튼 선생은 김윤식이 그 일을 위해 임금께 몇 개의 학교 이름을 지어 품의하였다는 소식을 들었는데, 몇

> 주일 뒤에 왕이 가장 적합하다고 생각되는 학교 이름을 선택하여 보내 주었다는 것이다. 김윤식이 품의한 학교 이름 가운데는 스크랜튼 선생이 원하던 '전신'이란 이름도 있었는데 왕은 그보다도 '이화'를 선택하여 외아문에 명하여 한문으로 '梨花學堂'이라는 이름을 써서 하사하셨다."*

이러한 과정을 거쳐 정동의 여성 배움터는 고종高宗으로부터 이화학당이란 교명과 현판을 하사받게 되었는데, 이는 국가로부터 공인된 교육기관으로서의 위치를 얻게 됨을 의미하는 것으로 조선시대의 사액서원賜額書院에 비견되는 일이었다.

이후 이화학당은 일반인들의 점진적인 이해와 호응에 힘입어 나날이 번창해 갔다. 입학 지원자가 쇄도하여 많은 부모들이 자녀들을 입학시키기 위해 학기를 기다려야 했고 심지어 받아 주기만 한다면 식량 · 의복 등 필요한 비용 일체를 스스로 부담하겠다고 나서는 사람들도 늘어났다. 몇 년 전만 해도 아주 가난한 사람들만이 자녀들을 맡겼고, 맡겨진 소녀들에게 교육이 의미하는 것은 쌀과 의복이 제공된다는 사실에 있다고 생각하기도 했었는데, 이제는 조선 여성들 스스로가 이화학당의 문을 두

---

* 『이화 100년사』, 54–55쪽.

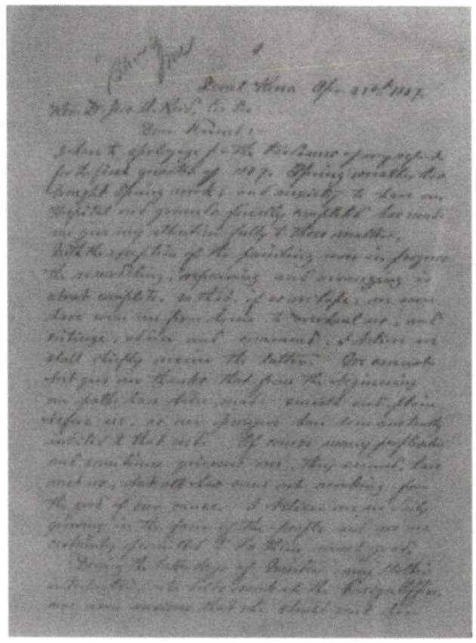

고종이 '이화학당'이라는 현판을 하사하였다는 내용이 담긴 스크랜튼 의사의 편지(위, 1887)
고종으로부터 하사받은 이화학당 현판(왼쪽, 1887)

드리기 시작하였다.* 조선의 여성들은 더 이상 규중 깊은 곳에 갇혀 있는 것이 아니라 진정으로 교육을 받기 위해, 그리고 이를 통해 자기 개발을 실현하기 위해 이화학당을 스스로 찾기 시작한 것이다. 이것이야말로 스크랜튼 선생이 제시한 이화학당의 교육 이념이 실현되고 있는 모습이었다. 스크랜튼 선생은 여성들을 교육하는 목적을 다음과 같이 천명하였다.

---

* *Korea Woman's Conference*(1st), 1899, pp. 32–33.

학부모들의 수업 참관

"우리의 교육 목적은 한국 소녀들이 우리 외국 사람의 생활이나 의복, 환경에 적응하도록 변화시키는 데 있지 않다. 우리는 오로지 한국인을 보다 나은 한국 사람이 되게 하는 데 만족한다. 또 우리는 한국인이 한국적인 것에 대하여 긍지를 가지게 되기를 희망한다. 나아가서는 그리스도를 믿고 그의 교훈을 통하여 흠과 티가 없는 완전한 한국을 만드는 데 희망을 두고 있다."*

---

* L.G. Paik, *The History of Protestant Mission in Korea*, 1929, p. 119.

이화학당에서 수업을 듣는 학생들

스크랜튼 선생이 제시한 이화학당의 교육 이념은 가부장적 굴레 속에 고통받는 여성들을 기독교 진리를 통하여 해방시키고 인간으로서의 존엄성을 회복하여 보다 나은 '진정한 한국인'으로 당당하게 서도록 하는 것이었다. 그리고 이러한 교육과정을 거치면서 조선의 여성들은 자아를 발견하고, 섬기고 봉사해야 할 이웃을 발견하고, 사랑하고 지켜야 할 나라와 민족을 발견하게 되었다. 따라서 이화를 통해 여성 지도자들이 많이 배출될 수 있었던 것은 결코 우연한 일이 아니다.

이로써 이화학당의 설립은 명실공히 이 땅의 여성 해방의 단초를 열었다. 그동안 소외되었던 교육의 길로 여성을 인도하여 무지로부터의 해방을 이루었고, 가부장제 굴레 속에서 남존여비 사상의 벽을 허물고 여성들을 역사의 주체로 당당히 일어설 수 있는 의식 해방을 이루었다. 또한 내외법으로 집안에만 유폐되었던 여성들을 학교로, 사회로, 교회로 나올 수 있게 한 공간으로부터의 해방, 안사람으로서의 역할만 강요당했던 여성들에게 교사 · 의사 · 기자 등의 전문직으로 진출할 수 있게 한 역할로부터의 해방, 그리고 남녀 평등의식을 고취시키며 성으로부터의 해방을 서서히 이루어 나갔던 것이다.

이화학당의 교육 풍경

배우러 온 학생은 4세에서 10세 정도의 어린아이들이었고, 가난하거나 돌아갈 집이 없는 아이들이었기에 스크랜튼 선생은 이들을 양육하며 가르쳤다. 다홍빛의 예쁜 옷도 해 입히고, 소꿉놀이도 하고, 틈틈이 성경 공부도 했다 공부하는 것과 노는 것은 명확히 구분되지 않았고 스크랜튼 선생이 직접 아이들과 함께 생활하며 공부를 시작했다.

다양한 연령층의 이화학당 학생들(1890년대)

이화학당의 초기 학생들은 고아이거나 집이 가난하여 부모가 맡겨 놓고 간 아이들이었다. 따라서 학생들에게 학당은 그들의 집이자 글을 배우는 학교였다. 스크랜튼 선생은 어린 학생들에게 장난감과 과자 등을 나누어 주고 소꿉놀이나 인형놀이도 함께 해주었다. 학생들에게 스크랜튼 선생은 먹을 것과 입을 것을 챙겨 주는 어머니와 같은 존재였다.

1888년 학생 수도 점차 늘어가고 학교 운영에 있어서도 어느 정도 안정을 찾아가는 듯하더니 이화학당에 또 한 차례의 위기가 찾아왔다. 이 시기는 이화뿐 아니라 선교사들의 선교 활동이 심한 타격을 받은 해이기도 하다. 그것은 뜻하지 않은 영아 소동과 정치 소요의 발생으로 학당은 불가피하게 문을 닫고 학생들을 집으로 돌려보내야 했기 때문이었다. 영아 소동은 서양 선교사들이 한국 아이들을 잡아다가 삶아 먹거나 미국에 노예로 팔아넘긴다는 황당한 소문으로부터 시작되었다. 선교사들이 운영하는 학교는 아이들을 잡아 가두는 수용소이며 병원은 실험실이라는 것이다. 아이들 눈알을 빼서 사진기 렌즈로 쓴다는 등 괴상한 소문들이 줄을 이었다.

또한 조선 정부는 이미 허가한 일은 인정하지만 종교 활동은 금지한다는 조치를 취하였고, 백성들에게 선교사들로부터 세례를 받지 못하도록 강력히 대응했다.*

포교 중지와 같은 정부의 강경 대응은 1888년 천주교회와 정부의 갈등에서 비롯되었다. 천주교회는 당시 지금의 명동성당이 있는 종현에 터를 닦고 높은 교회 건물을 지으려는 계획을 추진하고 있었다. 옛날부터 우리나라에서는 왕궁을 내려다볼 수 있는 높은 장소, 또는 대궐보다 높은 집을 짓는 것을 국법으로 금하고 있었는데 명동성당 자리는 바로 이런 높은 자리에 해당되었으므로 정부는 성당 건축 계획을 금지하도록 명령을 내렸다. 그러나 천주교회에서는 이런 지시를 무시하고 성당 건축 계획을 진행시키려 했고 이에 격분한 정부는 드디어 일체의 종교 행사와 전도 행위를 왕명에 의하여 금지하기에 이르렀던 것이다. 이러한 천주교회와 정부와의 갈등은 개신교회의 선교 활동에도 영향을 미쳤으며 당시 선교사들의 전도 사업에 타격을 입혔다.**

천주교회와의 갈등과 영아 소동까지 겹쳐 혼란이 한창이었을 때는 심지어 자기 아이를 업고 다니던 사람들까지도 때로는 유아 유괴범의 혐의를 받고 대중의 공격을 받아 매를 맞거나 심하

---

* 다니엘 기포드 지음, 심현녀 옮김, 『조선의 풍속과 선교』, 한국기독교역사연구소, 1995, 91쪽.

** 『정동제일교회구십년사』, 66–67쪽.

면 죽음을 당하는 일까지 발생했다. 이러한 상황이었기에 외국인들이 길거리에 나서는 것은 너무도 위험한 일이었다. 이화학당도 분노한 대중들의 습격 대상이 되었다.* 두 차례나 흥분한 군중들이 학교를 습격하여 학교 고용인들이 다치는 일도 생겼다.** 또한 외아문에서는 미국 공사에게 '선교사들의 전도 활동을 감독해 줄 것을 정식 요청'하였고 정동에서 열리고 있던 한국인 예배도 중단될 수밖에 없었다. 외국인들의 신변이 위협받게 되자 외국 공사관을 지키기 위해 미국 해병대가 제물포에 도착했고, 서울에 있던 미국 · 영국 · 프랑스 · 러시아 · 독일 등 6개 공사관이 연합하여 조선 정부에 항의했다. 이에 조선 정부는 공식적으로 선교사 보호에 나서게 되었고 이러한 소요는 어느 정도 잠잠해졌다.

당시의 상황을 스크랜튼 선생은 W.F.M.S.에 보내는 연차보고서에서 다음과 같이 밝히고 있다.

> "한동안의 소요 때문에 일에 타격을 받았으며 한때는 외국인이 피신을 해야 할 만큼 암담한 상태였다.…… 문제

---

* 릴리어스 호튼 언더우드, 김철 옮김, 『언더우드 부인의 조선생활』, 뿌리깊은 나무, 1984, 27쪽.

** *The Korean Repository* Ⅲ-1, 1896, p. 6.

는 천주교인들에게서 비롯된 것이다. 그들은 한국에 온 지 오래되었다. 우리가 올 때까지도 비밀스럽게 일하고 있었고 사제들은 한국 이름을 쓰고 늘 조문객처럼 옷을 입고 다녔기 때문에 거의 눈에 띄지 않았다. 그동안 그들은 상당한 재산의 소유자들이 되어 있었다. 우리는 결코 비밀스럽게 일하고자 하지 않는다. 우리의 거주지와 학교는 '언덕 위에 위치'하고 있으며 많은 관리들이 오랫동안 우리가 하고 있는 일을 알고 있다. 천주교인들의 행위에서 비롯된 소요가 발생하자 미국 공사는 우리에게 '어떤 형태이든지 모든 종교적 가르침이 중단되어야 한다'는 전갈을 보내 왔다. 한국 어린이들이 외국인들에게 유괴되거나 팔려가서 죽거나 잡아먹히고 때로는 약 제조에 사용된다는 소문이 떠돌았다. 몇 명이 한국 어린이 도둑으로 몰려 맞아 죽었다는 소문도 들렸다. 날이 갈수록 흥분은 고조되었다.

우리는 우리가 공격을 받으리라는 두려움을 조금도 갖지 않았으나 하인들이 겁에 질려 떠나라고 했을 때에야 비로소 경계해야 할 이유가 있음을 알았다.

어느 날 한 무리의 군중이 대문 밖에 몰려와서 하인들에게 어린이를 훔쳐다가 (외국인에게) 팔아먹었다고 욕하면서 죽이겠다고 협박하였다. 다음날 우리를 습격하려는 계획이 전날 있었다는 전갈이 왔다. 비록 계획이 실패하였지만 우리는 즉시 떠날 채비를 해야 한다는 것이었고 하루 이틀이 지나자 제물포에서 75명의 군인들이 도착하였으며 우리는 비로소 크게 안심할 수 있었다. 조선 정부는 유혈 사태와 파괴를 막으려고 애써 왔다. 왕은 외국인들이 비난받아야 할 행위의 책임이 있다고는 생각지 않는다는 성명서를 발표하고 국민에게 자중하도록 명령했다. 왕은 또 군인들에게 밤낮으로 거리를 지키면서 선동적인 말을 하는 사람을 체포하도록 명령했다.

가장 위험하다고 걱정했던 날 나는 학생들의 부모와 친척들을 불러 학생들을 데려가도록 했다. 이것이 최선의 방법이라고 생각되었다. 이제 모든 것은 전처럼 평화를 되찾게 되었다. 하나님은 우리를 그의 날개 아래 숨기시고 천사들로 하여금 보호케 하셔서 우리 자신은 조금도 해를 받지 않았을 뿐 아니라 우리 건물의 돌 한 덩어리도 파손되지 않았다."*

비록 위기의 상황은 겪었지만 조선 여성들의 배움에 대한 열

---

* *19th Annual Report of the W.F.M.S. of M.E.C.*, 1888, pp. 45–47.

선교사 선생님들과 이화학당 학생들(1890년대)

정과 선교사들의 헌신적인 노력에 대한 조선인들의 신뢰가 이런 위험한 국면을 슬기롭게 대처할 수 있도록 했다.

학생들을 돌려보내야 했을 때, 집으로 돌아가던 학생들은 오히려 스크랜튼 선생의 건강과 신변을 더 걱정하며 선생을 다시 볼 수 없을까 염려했다. 이전에 스크랜튼 선생을 비롯한 서양인들이 무서워서 도망가던 시절을 생각하면 학생들과 선교사 선생님들의 관계가 많이 호전되고, 그동안 서로에 대한 신뢰가 많이 쌓였음을 알 수 있다. 혼란스러운 사태는 약 6주 후 가라앉고 안정을 되찾았으며 그해 7월부터 교육과 의료 사업은 정상을 되찾았다.* 학생들도 꾸준히 늘었다. 학당의 운영이 다시 안정 궤

---

* *The Korean Repository* Ⅲ-1, 1896, p. 6.

도에 들어가면서 학생들과 선생님들은 서로 따뜻한 온정을 주고받으며 가족 같은 분위기의 학교 생활을 이어갔다.

이화학당 초기 스크랜튼 선생이 몇몇 소녀들을 데리고 수업을 진행할 때에는 잘 짜여진 시스템도 체계적인 교재도 없었다. 배우러 온 학생은 4세에서 10세 정도의 어린아이들이었고, 가난하거나 돌아갈 집이 없는 아이들이었기에 스크랜튼 선생은 이들을 양육하며 가르쳤다. 다홍빛의 예쁜 옷도 해 입히고, 소꿉놀이도 하고, 틈틈이 성경 공부도 했다. 공부하는 것과 노는 것은 명확히 구분되지 않았고 스크랜튼 선생이 직접 아이들과 함께 생활하며 공부를 시작했다. 공부를 할 때에도 의사소통이 원활하지 못하여 이미 번역되어 있는 성경책을 이용하거나 주기도문과 찬송가를 영어로 가르쳤다. 사정이 이러하다 보니 초기 이화학당의 모습은 '학교'라기보다는 어린아이들을 위한 '가정'이라고 하는 것이 더 어울렸다.

그 후 학생 수가 증가하고 스크랜튼 선생이 W.F.M.S.에 지원 요청을 했던 선생님들이 부임하면서 학교일은 점점 체계를 잡아 갔다. 1887년 10월 로드와일러Louisa C. Rothweiler와 하워드Meta Howard가 도착하였다. 로드와일러는 즉각 학교일에 착수하였고, 하워드는 스크랜튼 의사를 도우며 여성 의료 사업을 시작하였다. 이후에도 벵겔Margaret Bengel, 이경숙(최초의 한국인 여

로드와일러

교사, 세례명 드루실라), 로제타 셔우드Rosetta Sherwood 등 여러 선생님들이 이화에 부임하였고, 영어 · 산수 · 생리학 · 일반역사 · 성경 · 한문 · 초등지리 · 한글 · 노래 · 체조 · 재봉 · 자수 등 교과목도 다양해졌다.

기와집 마루 끝에 매달린 종소리와 함께 매일의 일과가 시작되고 학교 생활과 가정 생활의 구분도 엄격해졌다. 1896년의 기록에 의하면 학생들은 7시에 식사를 하고 8시부터 오후 4시까지 수업을 하였으며 방과 후에는 자유 시간으로 어린 학생들은 공기놀이 · 윷놀이 · 까막잡기 등을 하며 마음껏 놀았고 큰 학생들은 바느질을 하는 데 많은 시간을 보냈다고 한다. 상급반 학생들이 각자 2~3명 이상의 하급반 학생들의 의복을 책임져야 했기 때문에 이들에게 바느질하는 시간은 수업 시간을 제외하고는 상당히 큰 비중을 차지하는 것이기도 했다. 저녁 식사 후에는 전교생이 각 방에서 15분씩 기도 시간을 가졌으며 일요일에는 깨끗하게 준비한 옷을 차려입고 정동교회에 가서 예배를 드렸다.

학당에는 방학도 있었다. 학기가 끝나는 주간인 6월 마지막 주간부터 7, 8월에 걸쳐 방학을 하였는데 처음에는 학생들 대부분이 수업만 없었지 그대로 학당에 머물러 있었다고 한다. 가정 형편이 어렵거나 갈 곳이 없는 학생들이 귀가하지 않은 것도 이유였지만 학생 구하기가 힘들었던 초창기에는 학교에서도 학생들의 귀가를 허락하지 않았다. 전염병이 돌거나 사회 혼란 때문에 어쩔 수 없이 돌려보낸 학생들이 집에 가면 결혼을 하거나 그냥 집에 눌러앉는 경우가 있었기 때문이다. 심지어 집에 다니러 갔는데 가난한 부모가 남의 집에 종으로 팔아 버리는 경우도 있었다. 이러다 보니 어렵사리 들어온 학생들이 이런저런 이유로 학교를 그만두게 될까 봐 두려워 학당의 입장에서는 방학에 학생 귀가를 허가할 수 없었던 것이다.* 늦가을에는 김장 방학도 있었다. 공동체 생활을 하다 보니 겨울을 대비하여 반찬 중에 가장 큰 비중을 차지하는 김치를 대단위로 담가야 했기 때문이다.

한편 한국의 조혼 풍습 때문에 힘든 점도 있었다. 이제 막 학

---

* 『이화 100년사』, 62–63쪽.

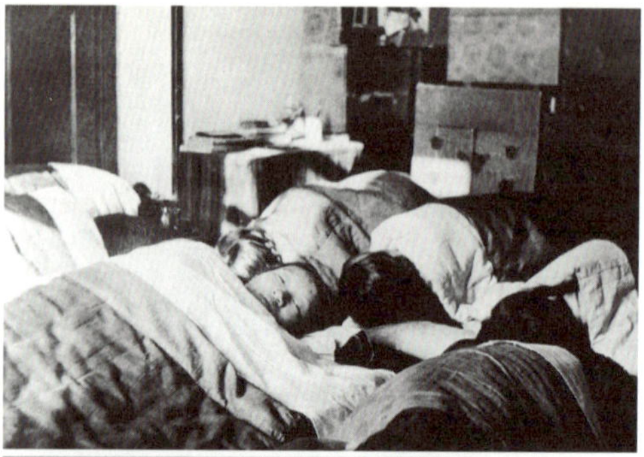

학생들의 취침 시간(위)
학생들의 방과 후 활동(가운데)
기숙사 생활을 했던 이화학당에서는 겨우내 먹을 김치를 담그는 김장 방학이 있었다(아래).

업을 시작한 학생들이 부모에 의해 강제로 결혼을 해야 하는 경우가 발생하여 학교를 그만두는 일들이 생겼기 때문이다. 학교를 그만둔다는 사실도 안타까웠지만 스크랜튼 선생은 이들이 자신의 의사와는 상관없이 비기독교인들과 결혼하게 되는 경우를 더욱 안타깝게 여겼다.* 그래서 스크랜튼 선생은 기독교인들을 중심으로 제자들의 혼인 상대를 직접 찾아주기도 했다.

박에스터의 경우도 16세가 되던 해, 혼자 살더라도 신앙 생활을 하며 병원 일을 도우려는 그녀와 혼기가 찼으니 신앙이 없는 사람에게라도 결혼을 시켜야 한다는 어머니와의 갈등이 심했는데, 이를 안타까워하던 스크랜튼 선생이 신랑감을 찾아나서 기독교인과의 결혼을 성사시켜 준 대표적인 사례였다. 스크랜튼 선생의 주선으로 박에스터는 1893년 5월 박유산과 결혼했고, 남편의 후원을 받으며 평생 그토록 원하던 의사의 길을 갈 수 있었다.

한편 이화학당 시절에는 제자들이 결혼할 때 선생님들이 학생들의 혼수 일체를 마련해 주기도 했는데, 이러한 모습은 학교라기보다는 한가족 같은 따뜻한 풍경이었다.

---

* *23th Annual Report of the W.F.M.S. of M.E.C.*,1891–1892, p. 83.

부녀자들을 위한 진료소, 보구여관

셔우드는 '여성을 위한 의료 사업은 여성의 힘으로'라는 표어를 내걸고 여성들을 모아 의료 강습을 시작했다. 그녀는 보구여관에서 부인 환자를 돌봄과 동시에 이화학당 학생들에게 생리학을 가르쳤으며 학생 몇 명을 선발하여 병원 조수로 훈련시켰다. 이와 같이 보구여관은 이화학당의 부속 기관으로 학당과 상호 밀접한 관계를 유지하며 운영되었다.

한국 최초의 여성 전용 병원인 보구여관(1887)

스크랜튼 선생은 교육 사업과 동시에 전통적인 내외법에 의해 남자 의사를 극도로 기피하여 병이 생겨도 치료받지 못하는 여성들만을 위한 전문 의료기관인 보구여관을 설립하여 여성 환자들의 따뜻한 안식처이자 여성 의학 교육의 요람을 마련하였다. 보구여관의 설립은 스크랜튼 의사의 의료 사업과 밀접한 관련 속에 추진되었다.

스크랜튼 의사는 1885년 5월 한국에 도착하여 처음에는 알렌Horace N. Allen의 광혜원(후에 제중원)에서 일하다가 독립하였고, 1885년 9월 정동에 집을 마련하고 이곳에서 의료 활동을 시작하였다. 한쪽에는 한문으로 "미국인 의사 병원"이라고 쓰고, 다른 쪽에는 한글로 "남녀노소를 불문하고 어떤 병에 걸렸든지 매일 열시에 빈 병을 가지고 미국 의사를 만나시오"라고 썼다. 스크랜튼 의사가 의료 사업을 벌이는 주 대상은 가장 빈곤한 계층이었으며 버림받은 자들을 위한 치료였다.

스크랜튼 의사의 의료 선교 방향은 크게 네 가지였다. 첫째, 국내 각 지방을 순회하며 의료 전도 활동을 벌이는 것, 둘째, 서울 중심부에 현대식 시설을 갖춘 병원을 건립하는 것, 셋째, 제물포에서 의료 사업을 개시하는 것, 넷째, 동대문에 시약소를 설치하는 것이었다.*

*기독교 대한감리회, 『한국감리교회사』, 1975, 168-169쪽.

스크랜튼 의사가 의료 선교를 펼쳤던 정동교회 내의 시병원

스크랜튼 의사는 의료 선교 사업의 시작으로 먼저 1886년 봄 정동 병원 건물을 매입하여 내부를 수리하고 정식으로 문을 열었다. 스크랜튼 의사는 자신의 의료 선교 계획에 따라 가난한 백성들을 위해 헌신적으로 의료 봉사를 실시했다. 의료 사업을 시작한 후 4년 동안 그가 진료한 총 환자 수는 12,209명에 이를 정도였다.*

1886년 고종은 스크랜튼 의사의 한국 이름인 '시란돈'의 앞 글자를 따서 '시병원施病院'이라는 이름을 하사했다.**

---

* 『상동교회를 중심으로 활동한 나라와 교회를 빛낸 이들』, 기독교 대한감리회 상동교회, 1988, 22쪽.

** 기독교 대한감리회, 『한국감리교회사』, 1975, 168–169쪽.

"그 때 죽을 병이나 전염병에 걸린 사람은 문 밖에 버려져 거적을 쓰고 있거나 그것도 없이 그저 거하고 있는 그런 사람들이 많았다. 전염병이 도는 지역에 집 한 채를 사서 그들에게 거처와 음식과 입을 것을 주고 치료 활동을 했으면 한다. 이런 사람들을 병원까지 오게 하는 것은 병의 성격상 좋지 않다. 의사가 찾아가는 것이 옳다. 이것이 바로 진실한 의료 선교의 활동인 줄 안다."*

이와 같이 스크랜튼 의사는 가난하고 의지할 데 없는 환자들을 치료해 주었고 그런 환자들이 병원에 찾아오기를 기다리지 않고 지접 찾아가 치료해 주려고 하였다. 이러한 스크랜튼 의시의 의료 활동 방식으로 이화와 인연을 맺게 된 인물이 바로 별단이었다. 1886년 여름 콜레라가 한창일 무렵 스크랜튼 의사가 성 밖 서대문 근처에서 여자 환자와 어린아이를 데려다 치료해 준 일이 있었는데 이 어린 여자아이가 이화학당의 학생이 된 별단이었다. 또한 스크랜튼 의사가 운영하는 병원에서는 매일 오전 8시 직원 기도회를 열고 기도회 후에는 입원 환자에게 성경 공부를 시키는 등 의료 활동을 매개로 복음을 전파하는 일에도 정

* 『동대문교회백년사』, 기독교 대한감리회 동대문교회, 1990, 68쪽.

성을 다했다.*

그러나 스크랜튼 의사 혼자 매일 평균 15명 내외의 환자를 돌본다는 것은 무척 힘든 일이었고, 남녀유별이 강조되던 당시 상황에서 여자 환자들은 남자 의사에게 진찰을 받는 것이 부끄러워 아예 병원을 찾으려고도 하지 않았다. 따라서 스크랜튼 선생은 여성들을 위한 의료 사업을 위해 시병원 근처에 부인 환자를 돌보기에 적합한 곳을 확보하여 병원을 세울 계획을 추진하고 선교 본부에 여자 의사를 파견해 달라고 강력히 요청했다.

스크랜튼 선생의 간곡한 요청에 따라 여선교본부에서는 1887년 10월 여의사 메타 하워드를 파견하였다. 시카고의학교를 졸업한 뒤 W.F.M.S. 노스웨스턴 지부의 후원으로 한국에 온 그녀는 도착한 즉시 우선 스크랜튼 의사의 병원에 방 하나를 빌려 여성 진료를 시작한 후 1888년 11월 이화학당 구내의 한옥 한 채를 병원으로 개조하여 독립된 병원을 마련하였다. 후에 고종은 이 병원에 '보구여관保救女館'이라는 이름을 하사하였다.**

또한 하워드는 병원 환자에 그치지 않고 고위 관리들 및 신분이 높은 계층을 왕진도 하였는데 한국에 도착한 이후 3년 동

---

* 곽안전, 『한국교회사』, 1973, 86쪽.
** 『이화 100년사』, 90쪽.

보구여관에서
활동했던 학생들과
여의사들

안 치료한 환자 수만도 3,000여 명에 달했다.* 그러나 혼자서 전염병 환자를 비롯한 무수히 많은 환자들을 돌보느라 몸이 상하여 1889년 하워드는 본국으로 돌아가게 되었고, 당분간 보구여관은 스크랜튼 의사가 담당하게 되었다. 이후 1890년 10월 로제타 셔우드Rosetta Sherwood가 부임해 왔다. 셔우드는 '여성을 위한 의료 사업은 여성의 힘으로'라는 표어를 내걸고 여성들을 모아 의료 강습을 시작했다. 그녀는 보구여관에서 부인 환자를 돌봄과 동시에 이화학당 학생들에게 생리학을 가르쳤으며 학생 몇 명을 선발하여 병원 조수로 훈련시켰다.** 이와 같이 보구여관은 이화학당의 부속 기관으로 학당과 상호 밀접한 관계를 유지하

---

* *20th Annual Report of the W.F.M.S. of the M.E.C.*, 1889, p. 68.

** *22th Annual Report of the W.F.M.S. of M.E.C.*, 1890–1891, p. 65.

며 운영되었다.* 실제로 학생들의 건강 문제는 보구여관에서 담당하였고 병원은 통역에서부터 약제실 일에 이르기까지 학생들의 도움을 받았다. 또 의사들이 학당의 강의를 맡는 경우가 많았고 초기 학생 중에는 보구여관에 치료를 받으러 왔다가 학당에 입학하는 경우도 있었다.**

한편 보구여관에서는 환자 치료 외에도 매일 예배와 성경 공부 시간을 갖기도 했는데 치료를 받기보다는 오히려 30여 분간 복음을 듣기 위해 오는 여자 환자들도 상당히 있었다. 또한 보구여관에서는 성경 문답지, 마가복음, 로스의 신약성서 등을 한국인에게 나누어 주기도 하고 팔기도 하면서 전도를 하였다. 성경책을 그냥 주는 것은 어려운 일이 아니었지만 오히려 귀한 것을 소홀히 취급해 버릴 염려가 있어서 부담이 되지 않을 정도의 싼 값으로 판매하는 방식을 택하였다.***

이와 같이 보구여관은 부인들의 진료를 위한 의료 기관이었을 뿐 아니라 의학 교육의 현장이었으며, 복음을 받아들이고 정신적인 위로를 받을 수 있는 조선 여성들의 훌륭한 안식처이기도 했다. 또한 보구여관에서는 초창기부터 병원 일을 돕는 보조

---

* 1892년 보구여관은 볼드윈 시약소라는 동대문 분원을 설치하게 되는데 이는 지금의 이대병원의 전신이 된다.

** 『이화 100년사』, 90쪽.

*** *21th Annual Report of the W.F.M.S. of M.E.C.*,1889-1890, p. 53.

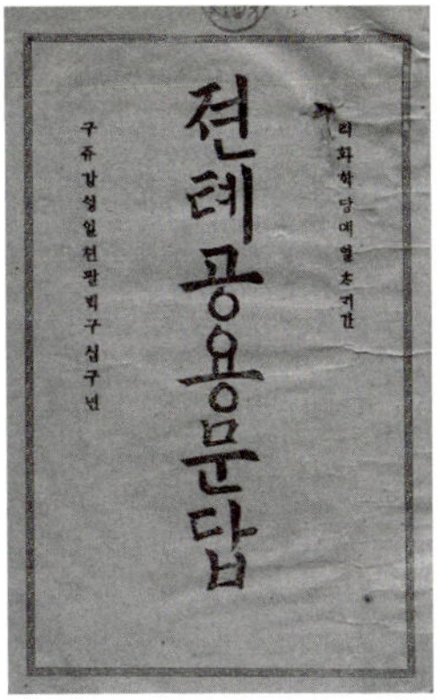

이화학당에서 출판한 최초의 인체 생리학 교과서인 『젼톄공용문답』(1899)

원으로 여자들을 채용하여 환자들에게 성경을 읽어 주고 복음을 전하는 전도부인으로 일할 기회를 열어 주었다.

박에스더가 의사의 길을 갈 수 있었던 것도 보구여관에서의 경험 때문이었다. 박에스터는 처음에 병원 일을 그리 좋아하지 않고 오히려 혐오스러워하기까지 했는데 이러한 그녀의 생각을 바꾸게 해준 것이 당시 보구여관 의사였던 로제타 셔우드의 언청이 수술이었다. 셔우드 의사가 언청이 수술을 하는 것을 목격한 에스터는 하나님 사랑은 마음만 예쁘게 하는 것이 아니라 모습도 아름답게 할 수 있다는 감격에서 그리스도를 생각하지 않고서는 도저히 감당할 수 없는 일이 의사의 일이며 이것이야말로 하나님의 사랑을 실천하고 민족에 봉사하는 길이라 확신하게 되었다. 보구여관에서의 경험을 바탕으로 에스터는 본격적인 의학 공부를 위해 미국 유학길에 올랐고, 마침내 한국 최초의 여의사가 되었다.

주일학교의 시작

주일학교는 이화학당 학생 12명, 정동교회 여자 교인 3명, 그리고 스크랜튼 선생과 로드와일러, 하워드, 아펜셀러 부인으로 추정되는 미감리회 해외선교부 소속 부인 1명으로 시작했다. 조선에서 처음 실시된 주일학교는 선교사와 조선인들이 함께 주일마다 모여 성경을 공부하는 형태로 추진되었다.

스크랜튼 선생이 학생들을 모집하여 공부를 가르친 근본적인 이유는 복음의 전파에 있었다. 선생은 이화학낭 안의 학생들뿐 아니라 학당 밖의 수많은 조선 여성들에게도 전도 사업을 시작하였다. 먼저 스크랜튼 선생은 1888년 학당 내에 주일학교를 조직하여 체계적이고 규칙적인 집회와 교육을 실시하기 시작하였다.

> "1888년 1월 우리는 주일학교를 조직했다. 물론 구성원들 사이에 다소 종교적인 가르침은 있었지만, 이것은 비공식적인 방법으로 이루어진 것이었다. 우리는 이제 비로소 체계적이고 규칙적인 집회와 교육이 실시되어야 할 때가 왔다고 생각하였다. 12명의 여학생과 3명의 한국인 여성, 3명의 선교사 및 선교 본부 여성 중 1명으로 주일학교를 시작하였다."*

스크랜튼 선생의 보고처럼 1888년 1월 이화학당의 학생들을 중심으로 주일학교는 시작되었다. 이 주일학교는 이화학당 학생 12명, 정동교회 여자 교인 3명, 그리고 스크랜튼 선생과 로드와일러, 하워드, 아펜셀러 부인으로 추정되는 미감리회 해외선

---

* *The Korean Repository III–1*, 1896, p. 5.

교부 소속 부인 1명으로 시작했다.* 조선에서 처음 실시된 주일학교는 선교사와 조선인들이 함께 주일마다 모여 성경을 공부하는 형태로 추진되었다.

주일학교의 교재는 번역된 성경과 교리문답서 등이 있었는데 교재로 쓰였던 작은 팸플릿들은 한문으로 된 것이어서 한글 번역이 시급했다. 스크랜튼 선생은 글을 읽지 못하는 조선 여성들을 위해 한글로 번역한 성경 공부 교재를 서둘러 만들어야 한다고 생각했고, 주일학교 내에서의 한글 사용을 적극 추진하였다.** 이러한 노력으로 주일학교에서는 점차적으로 한글 성서와 소책자들을 교재로 사용할 수 있었고, 이로써 주일학교는 소외된 조선 여성들에게 성경 공부를 통해 한글을 배울 수 있는 기회를 갖게 해주었다. 이는 조선 여성들의 문맹 퇴치에도 기여하였다.

주일학교가 시작된 지 한 달 후에는 본격적인 저녁 주말 집회가 이루어졌다.*** 이것은 한국 남자 교인들의 계속적인 요구에 의해 이루어진 것이었다.

---

* 이덕주, 『한국 감리교 여선교회의 역사(1897-1990)』, 기독교 대한감리회 여선교회전국연합회, 1991, 75쪽.

** *20th Annual Report of the W.F.M.S. of M.E.C.*, 1889, p. 66.

*** 저녁에 집회를 개최한 것은 여성들이 대낮에 외출하는 것이 금기시되던 당시의 상황을 고려한 것이었다.

초기 정동교회에서 예배를 보는 학생들 사진 제공_ 배재학당

"(주일학교를 시작한 지) 한 달 후 여성들 사이에 집회가 시작되었다. 한국 남자 교인들의 되풀이된 요구가 없었다면 이러한 조치는 그렇게 빨리 이루어지지 못했을 것이다. 남자 교인들은 '우리는 배우고 있는데 왜 우리 아내들은 그 가르침을 받을 수 없느냐'고 재촉했다. 우리의 부족한 언어 실력 때문에 아직 공식적이고 규칙적인 교육을 실시할 수 없다고 누차 설명하였지만 그들의 요구는 계속되었다. 그들은 계속 찾아와 같은 요청을 되풀이했고, 결국 우리는 더 이상 거절할 수 없었다."*

그러나 한국인들의 복음에 대한 열정으로 시작된 여성 집회는 두 달 후 집회 인도자인 스크랜튼 선생의 신병으로 모임을 지속할 수 없었고, 1888년 5월에는 명동성당 사건과 영아 소동 등으로 정부에서 종교적인 집회 활동을 금지시켰기 때문에 당분간 개최될 수 없었다. 사태가 어느 정도 진정된 후 여성 집회는 9월에 가서야 재개될 수 있었다. 이때에는 스크랜튼 선생이 아직 한국말이 서툴러 한국인 남자 기독교인을 선생님으로 고용했다. 그리고 남녀유별을 강조하던 당시의 보수적인 사회 분위

---

* *The Korean Repository III-1*, 1896, p. 5.

기를 고려하여 학생과 선생님 사이에 휘장을 치고 가르쳤다. 많은 사람들이 관심을 가지고 집회에 참석했으며 이 해에는 3명의 여성이 세례를 받기도 했다.* 그 후 몇 달 간 집회는 조선 여성들의 꾸준한 참여 속에 진행되었고, 조선인들의 신뢰를 얻으면서 기독교는 점차 조선 여성들의 마음 깊숙한 곳에 뿌리내리기 시작했다.

1889년 2월 또 한 차례의 종교 집회 금지령이 내려져 스크랜튼 선생은 공식적인 대중 집회를 중단하고 선교부 부인들과 학당의 여학생들을 중심으로 예배만 드렸다. 외부 여성들에게는 사정이 여의치 않으니 당분간 집회에 오지 말라고 당부했다. 그러나 조선의 여성들은 얼마나 더 기다려야 하냐며 계속해서 선생을 찾아왔다. 어느 주일 저녁 예배 시간이었다. 한 부인이 금지 명령에도 불구하고 위험을 무릅쓰고 예배 시간에 찾아왔다. 눈에 잘 띄지 않는 구석에 앉아 조용히 예배를 마친 그녀는 스크랜튼 선생을 찾아와 간절히 호소했다.

> "제발 매주일 저녁마다 저를 여기에 오도록 허락해 주세요. 집에는 쌀도 조금밖에 없고 땔감은 다 떨어져 살기가

---

* 9월 세례 예식을 통해 마리아(Mary), 마르다(Martha), 살로메(Salome)란 이름으로 3명의 여성이 세례를 받았다. 이로써 이름 없는 조선 여인들은 기독교 교인으로서 이름을 얻게 되었다.

너무 힘들어요. 여기에 와서 복음을 듣고 찬송을 듣는 것이 내 마음을 평온하게 해줍니다. 제발 저를 매일 오도록 허락해 주세요."*

이처럼 조선 여성들은 주님의 말씀 속에서 위로와 평안을 찾았으며 그리스도의 복음은 여성들에게 삶에 대한 용기와 희망을 안겨 주었다. 스크랜튼 선생의 몸을 돌보지 않는 헌신적인 전도 활동과 조선 여성들의 복음에 대한 열정으로 여성 교인들의 수는 끊임없이 증가했다. 1889년 12월 31일자 통계를 보면 집회에 참석한 부인들의 수는 연간 1,064명에 이르렀다. 이것은 학당 여학생을 제외한 외부 여성들만을 집계한 것이라는 점을 고려할 때 상당한 숫자였다고 할 수 있다.** 이후에도 주일 저녁 여성 집회는 수적인 증가는 크게 없었지만 평균 30명 규모의 여성들이 규칙적으로 출석함으로써 질적인 성장을 보여주었다.

선교사들이 전하는 복음의 말씀을 들으려는 여성 교인의 수가 증가하자 스크랜튼 선생은 여성 교회의 설립을 제안했다. 남녀가 한자리에 앉아 있을 수 없는 당시의 엄격한 남녀유별 풍습을 고려하여 여성들만을 위한 여성 교회를 제창했던 것이다.

---

* *The Korean Repository III-1*, 1896, p. 7.
** *The Korean Repository III-1*, 1896, p. 7.

정동교회

1889년에 설립된 이 여성 교회는 한국에 파송된 오링거Rev. F. Ohlinger 목사의 인도 아래 3주에 1번씩 주일 저녁 예배를 드렸고, 주일 저녁 외에도 한 주간에 2번 예배를 드렸다. 후에 이 여성 교회는 정동의 벧엘교회와 통합하여 정동제일교회가 되었다.*

여성 교인들의 수가 점차 증가함에 따라 여성들을 위한 주일학교도 꾸준히 성장하였다. 1892년 안식년을 마치고 돌아온 스크랜튼 선생은 그의 편지에서 주일학교가 매우 활성화되고 있음을 다음과 같이 보고했다.

---

* *21th Annual Report of the W.F.M.S. of M.E.C.*, 1889–1890, pp. 52–53.

"주일 예배 출석률이 매우 규칙적이다. 보통은 여름철 출석률이 폭우와 진흙탕 길 등으로 저조한 편이었으나 이번 여름은 어느 해보다도 좋은 출석률을 보여주었다. 내가 5월에 돌아온 후 한 여인은 매주일 아침 3마일을 걸어서 예배에 참석했다." *

스크랜튼 선생의 전도 활동이 본격화되면서 이화학당 내에 존재하던 주일학교는 다른 교회에도 확산되었다. 1895년 10월에는 여자주일학교가 남대문 부근 달성에도 생겼다.** 이화학당을 후임자에게 맡기고 여러 지역에 새로운 여성 사업을 개척하고 있던 스크랜튼 선생이 달성교회를 관할하면서 교회 내에 설립한 것이다. 달성의 주일학교는 처음에 학생 수도 증가하지 않고 한동안 교사 확보에도 어려움이 있었으나 이화 출신의 루시 Lucy Alderman가 학교를 맡게 되면서 점차 안정적인 모임으로 정착해 갔다. 12명 정도의 학생들에게 교리문답서와 성경 등을 가지고 한글 읽기와 쓰기를 가르쳤고 초등지리 교재도 사용하였

---

* *23th Annual Report of the W.F.M.S. of M.E.C.*, 1891-1892, pp. 83-84.

** 『이화 100년사』에서는 달성의 여자주일학교(day school)를 여자매일학교라 번역하고, 이것이 최초의 여자매일학교라고 하였으나 달성교회 내에 생긴 것도 주일학교라고 봐야 하며, 1888년 1월 이화학당 내에 설치된 주일학교를 우리나라 최초의 주일학교로 인정할 때 달성 여자주일학교를 최초의 것으로 보기는 어렵다.

매일학교를 담당했던
루시선생과 학생들

다.* 달성 주일학교의 학생들은 스스로 기도회를 갖고 가정들을 방문하여 작은 봉사를 실천하는 등 훌륭한 기독교인으로 성장해 갔다.

이와 같이 주일학교는 조선의 여성들, 부인들에게 배움의 기회를 마련해 주었고, 체계적인 성경 공부를 통해 여성들을 복음의 전파자로 인도하였다. 시간이 지남에 따라 주일학교는 부인들의 성공적인 모임이 되었고, 서로 사랑과 믿음을 나누는 친근한 인간관계를 유지하는 데도 기여하였다.

---

* *The Korean Repository IV-8*, 1897, p. 295 ; 『이화 100년사』, 82쪽.

열정과 헌신으로 임한 전도 사업

1894년 스크랜튼 선생은 여성으로서는 최초로 지방 전도 여행을 감행하였다. 외국인의 발길이 닿지 않았던 몇몇 마을을 방문하여 전도 활동을 펼쳤는데 많은 군중이 모여 복음을 들었고 그중에는 '오늘부터 이 가르침대로 살겠다'고 다짐하는 사람들도 있있나. 이 1차 전도 여행 과정에서 스크랜튼 선생은 600여 명의 여성들에게 복음을 전할 수 있었다.

1890년 스크랜튼 선생은 로드와일러에게 이화학당 당장 자리를 물려주고 정동 이외의 지역으로 새 일터를 개척해 나갔다. 서울에서는 정동 · 동대문 · 달성교회를 중심으로 부녀반 전도사업을 실시하였고, 서울 근교(수원 · 인천 등)와 내륙 지방(평양 · 공주 등) 전도까지 활발한 활동을 전개하였다. 스크랜튼 선생은 자신의 손이 닿는 모든 곳에서 학교 사업과 교회 사업을 함께 실시하려고 노력하였으며 이 일들을 위해 전도부인 훈련에도 힘을 썼다.

스크랜튼 선생은 진정으로 복음의 가르침을 받고 싶어하는 부인들을 위해 1892년에는 부인성경반을 조직했다. 많은 지원자가 있었지만 5명 정도로 제한하여 받았는데 3명만이 끝까지 남아서 읽고 쓰기를 배우기 위해 전체 교리를 베끼면서 열심히 공부하였고 결국 떠날 무렵에는 훌륭한 기독교인으로 거듭나게 되었다.* 소모임으로 시작했던 부인성경반은 조선 여성들의 복음을 향한 간절한 염원을 반영하여 확대되었다. 1894년 스크랜튼 선생은 자신의 집에서 예수 그리스도에 대해 배우고 싶어하는 사람은 누구나 받아들이기로 결심했다. 단지 외국인의 집을 구경하고 싶은 사람들이 몇 명 올 것이라 생각했던 당초의 예상

---

* *24th Annual Report of the W.F.M.S. of the M.E.C.*,1892–1893, pp. 78–82.

과는 달리 무려 3,000여 명의 군중들이 몰려와 복음에 귀를 기울였다.*

또 1894년부터는 남대문의 달성교회(후에 상동교회)에서 부녀 전도 사업을 시작하였다. 스크랜튼 선생은 주로 이화학당 · 아오개 · 동대문 부인병원 등을 기점으로 여성을 대상으로 하는 전도 활동에 여념이 없었는데, 스크랜튼 의사가 남대문 근처에서 전도 활동을 개시하면서부터는 아들을 도와 이 지역의 여성 전도 사업도 주관하게 되었다.

스크랜튼 의사는 하층민들이 있는 곳에 병원을 세워야 한다는 초창기 자신의 의료 선교 계획을 실현하기 위해 상인과 노동자들이 주로 살고 있는 남대문 지역 상동으로 병원을 이전하고 이곳을 기반으로 전도 활동을 전개하였다. 그러나 초기 상동교회 활동이 부진을 면치 못하자 어머니에게 도움을 요청하였고, 스크랜튼 선생은 상동으로 자리를 옮겨 직접 여인들을 만나기 시작했으며 남자 교인의 어머니를 세례받게 하면서 점차 교세를 확장시켜 갔다.**

---

* *26th Annual Report of the W.F.M.S. of the M.E.C.*,1894–1895, p. 74.

** 『상동교회를 중심으로 활동한 나라와 교회를 빛낸 이들』, 28쪽. 이들 중 한 부인의 이야기는 이러하다. 아들이 새 종교를 믿는다고 화가 나서 자살까지 하겠다고 위협하던 부인은 마침내 개종하여 이제는 며느릿감으로 이화학당에서 교육받은 기독교인이 아니면 보지도 않겠다고 고백하였다 한다(*26th Annual Report of the W.F.M.S. of the M.E.C.*, 1894–1895, pp. 71–75).

스크랜튼 선생이 선교 활동을 한 상동교회

아들과 함께 상동교회를 개척한 후 스크랜튼 선생은 이 교회에 머물면서 경기도 지방 여선교 사업을 주관하였고, 직접 일 년에 수차례씩 지방을 순회하며 교회와 교인들을 지도하였다.

1894년 스크랜튼 선생은 여성으로서는 최초로 지방 전도 여행을 감행하였다. 외국인의 발길이 닿지 않았던 몇몇 마을을 방문하여 전도 활동을 펼쳤는데 많은 군중이 모여 복음을 들었고 그중에는 '오늘부터 이 가르침대로 살겠다'고 다짐하는 사람들도 있었다. 1차 전도 여행에서 스크랜튼 선생은 가는 곳마다 집과 의복이 매우 불결하다고 느껴 '죄로부터의 구원'뿐 아니라 '불결함으로부터의 구원'에 대해서도 열심히 설교하였다. 이 1차 전도 여행 과정에서 스크랜튼 선생은 600여 명의 여성들에게 복음을 전할 수 있었다.*

1896년 두 달간의 중국 여행을 마치고 돌아와서 스크랜튼 선생은 다시 1897년에 2차 지방 전도 여행을 떠났다. 이 여행에서 선생은 첫 번째 전도 여행 이후의 변화를 경험하게 되었다. 처음에는 지저분하고 극히 불결한 여관에서 묵어야 했으나 두 번째는 대개 기독교인의 가정에 초대받거나 훨씬 정결해진 여관에서 묵을 수 있었다. 스크랜튼 선생은 글을 알지 못하는 부인

* *25th Anuual Report of the W.F.M.S. of M.E.C.*,1893–1894, pp. 65–67.

이화학당에 모인
감리교 선교사들
(1893)

들을 가르칠 교사를 확보하는 문제에 대해서도 끊임없이 고민하고, 선교사 지원을 본부에 요청하는 등 지방의 여성들에게도 배움의 기회를 마련해 주고 복음을 전파해 주기 위해 백방으로 애를 썼다.*

1898년 힘든 지방 순회와 격무에 시달리다 건강이 악화되어 스크랜튼 선생은 잠시 휴가를 가게 되었다. 선생이 아들과 함께 휴가차 유럽으로 떠날 때에는 많은 사람들이 강까지 3마일을 걸어서 뒤따랐는데 이는 마치 사도 바울이 에베소 장로들의 환송을 받던 장면을 연상케 할 정도로 감동적이었다고 한다.**

스크랜튼 선생이 잠시 외국에 나가게 되거나 건강상 활동을 못하게 될 때에는 전도부인들의 도움이 대단히 컸다. 이 무렵

---

* *28th Annual Report of the W.F.M.S. of the M.E.C.*,1896–1897, pp. 90–91.

** *The Korean Repository V-12,* 1898, p. 479.

선생은 W.F.M.S.에 고용된 정식 전도부인 3명의 도움을 받아 어렵게 시작한 전도 사업을 계속 이어갈 수 있었으며 특히 부인이 서울의 일로 바빠 지방 전도를 거의 포기해야 하는 동안에는 이들 전도부인들 특히 대영성서공회British Foreign Bible Society의 후원을 받는 5명의 전도부인이 거의 전적으로 지방 전도 사업을 담당해 주었다.*

몸을 아끼지 않는 이러한 적극적이고 신실한 전도 활동으로 스크랜튼 선생은 1899년 주한감리교여선교회Korea Woman's Conference가 조직되었을 때 초대 회장에 피선되었다. 그러나 1900년 16개월간의 긴 휴가를 마치고 한국에 돌아왔을 때 선생의 나이가 연로하고 건강이 여의치 않아 오랜 지방 여행을 감당할 수 없었기 때문에 전도부인들이 이 일을 대행했다. 이러한 와중에도 선생은 지난번의 전도 여행 중 글을 읽을 줄 아는 여자가 단 한 명도 없는 마을이 허다했던 사실을 뼈저리게 느끼면서 이들을 위해 전도부인의 훈련이 시급함을 깨달아 오랜 숙원이던 전도부인양성소Training School for Bible Woman를 달성에서 시작하여 피어스가 책임지게 하는 한편 틈나는 대로 강의도 하였

---

* W.F.M.S.에 고용된 정식 전도부인은 세례명으로 기록되어 있다. 전도부인 3명의 세례명은 Drusilla Ni, Sarah Kim, Hannah Chung이다. 이 중에서 Drusilla는 이화학당 최초의 한국 여선생이었던 이경숙을 말한다(*29th Annual Report of the W.F.M.S. of M.E.C.*, 1897–1898, p. 90).

하란사 선생이 기증한 정동교회의 파이프 오르간

다.*

전도부인양성소가 서울에 세워지자 스크랜튼 선생은 하란사의 도움을 받아 한국 여성 지도자들에게 기초적 훈련을 시켰고 동시에 서울 지역 전도부인들을 교육시켰다. 하란사는 처음에 이화학당 문을 두드렸을 때 기혼 여성이라고 거절당하자 "불꺼진 등잔같이 어두운 한국 땅에서 어머니들이 무엇인가 배우고 알아야 자녀들을 가르칠 수 있다"고 스크랜튼 선생을 설득하여 입학이 허용되었다. 이후 자신이 스크랜튼 선생으로부터 받았던 배움의 혜택을 한국 여성들을 위해 베풀었고 더 많은 한국 여성들에게 교육의 기회를 주고자 스크랜튼 선생과 함께 노력했다.

---

* *31th Annual Report of the W.F.M.S. of M.E.C.*, 1899–1900, pp. 83–84.

이후 이들을 통해 교육받은 여성은 12,000명에 달했다.* 또한 교육의 기회를 전혀 얻을 수 없는 지방의 여성들을 위해 지방에 소학교 설치의 필요성을 호소하기도 하였는데, 이러한 스크랜튼 선생의 활동으로 수원과 공주 등지에도 주일학교를 비롯한 각종 소학교가 설립되었고, 이들 학교는 지방 여성들을 계몽시키는 데 크게 기여하였다.

---

* Mary Isham, *Valorious Ventures*, 1936, pp. 271–272.

마지막 여생을 다시 조선에서

1901년 선생은 병을 얻어 가족과 함께 고향으로 돌아갔는데 이후 다시 돌아와 고령의 나이에도 불구하고 상동교회를 중심으로 전도 사업에 주력하였다. 1906년부터 1년간 스크랜튼 선생 지도하의 전도부인들은 4,000여 가정을 심방하여 12,000여 명에게 복음을 전하였고, 이 시기 하란사가 귀국하자 그녀의 도움을 받아 전도부인양성소에서 전도부인을 훈련시키는 일을 계속하였다.

이화학당 제1대 메이퀸, 스크랜튼 선생

1901년 선생은 병을 얻어 가족과 함께 고향으로 돌아갔는데 이후 다시 돌아와 고령의 나이에도 불구하고 상동교회를 중심으로 전도 사업에 주력하였다. 1906년부터 1년간 스크랜튼 선생 지도하에 전도부인들은 4,000여 가정을 심방하여 12,000여 명에게 복음을 전하였고, 이 시기 하란사가 귀국하자 그녀의 도움을 받아 전도부인양성소에서 전도부인을 훈련시키는 일을 계속하였다.

한편 스크랜튼 선생은 여성들이 선교사들과 함께 있을 때에만 공부를 할 수 있다는 점을 안타깝게 여기고 여성들이 항시적으로 하나님을 만나고 교육을 받을 수 있는 기회를 마련해 주기 위해 끊임없이 노력했다.

1907년 『제국신문』에는 스크랜튼 선생의 명의로 여학생 모집 광고가 실렸다.

> 남대문안 젼 달셩위금내에 녀학교를 셜시하얏난데 과정은 셩경 국문 한문 영어 산술 디자인데 원학ᄒᆞ시ᄂᆞᆫ부인은 내림 문의ᄒᆞ시옵
>
> 스크랜튼 노부인*

---

* 『제국신문』, 1907. 4. 23.

4월 23일부터 30일까지 7번이나 계속해서 실린 이 광고를 통해 볼 때 스크랜튼 선생이 제2, 제3의 이화학당을 만들기 위해 마지막까지 얼마나 노력하였는가를 알 수 있다.

또한 스크랜튼 선생은 아무리 힘든 일이 있어도 자신을 필요로 하는 곳이면 어디든지 달려갔다. 선생은 1908년 겨울 76세의 고령에도 불구하고, 상동 주일학교에 영어교사가 부족한 사실을 알고, 교사가 확보될 때까지 직접 출근하여 가르치기도 하였다. 스크랜튼 선생은 한국 여성들에게 가장 필요한 것이 복음에 대한 지식과 기도의 능력을 아는 것이라는 강한 확신을 가지고, 남은 여생을 한국 여성들에게 이 지식을 가르치는 데 바쳤다. 그 이듬해 건강이 심하게 악화되어 외부 출입이 불가능한 상황에서도 스크랜튼 선생은 자신의 충고와 도움을 구하러 찾아오는 사람들에게는 늘 따뜻한 사랑과 격려로 힘이 되어주었다.

1908년에는 이화학당으로부터 중등과(1904), 보통과 · 고등과(1908)를 설치하게 된 기념으로 그 교육의 원년인 1886년 스크랜튼 선생이 학생 한 명을 마주하고 시작한 수업을 근거로 5월 31일을 이화의 창립 기념일로 정하고 공식적인 기념식과 행사를 거행하였다. 이 해의 메이데이 행사에서는 이화학당 창립자인 스크랜튼 선생이 초대 메이퀸으로 선출되었다.

소외되고 외로운 한국 여성들을 위한 교육과 선교에 자신의 모든 것을 바치며 사랑과 헌신의 삶을 일관한 스크랜튼 선생은 마지막까지 기도와 찬송과 말씀 속에서 77세를 일기로 아름답고 고귀한 삶을 마감했다.

선생은 마비가 오기 3일 전 가장 가까이에서 함께 일해 온 사람들과 마지막 모임을 마련하는 등 선생을 아끼고 보살펴준 사람들에게 끝까지 자신의 사랑을 전하려고 애썼다.

> "스크랜튼 선생은 모든 계층 사람들로부터 사랑을 받았다. 장례식 날, 유해가 집을 떠나기 직전 궁에서 나온 관리가 찾아와 부인의 관 앞에서 세 번 절하며 마지막 경의를 표했다. 한국인들은 만약 부인이 자기 나라에 있었더라면 왕비가 되었을 것이라고 생각하고 있다. 실제로 부인은 왕비처럼 행동했다. 그들 가슴 속에 부인이 왕비처럼 자리잡고 있다는 사실은 남녀노소 가릴 것 없이 수천 명이 모여 부인이 마지막 쉬기 위해 한강이 내려다보이는 곳으로 가는 동안 5마일 거리를 열을 지어 따라가는 광경을 통해 확인되었다."*

---

* Mary R. Hillman, "Mrs. M.F. Scranton." *The Korea Mission Field*, vol. 6–1, pp. 13–14.

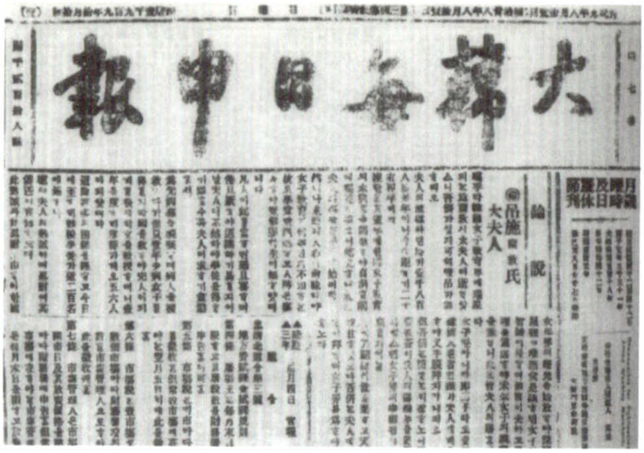

大韓每日申報

스크랜튼 선생의 부고 기사(대한매일신보, 1909년 10월 11일)

이 땅의 소외된 여성들을 위해 하나님의 말씀을 전하고, 고난과 억압에서 벗어나 참된 인간화를 갈구하는 조선 여성들에게 새 빛을 비추어 주기 위해 이 땅에 온 스크랜튼 선생은 1909년 10월 8일 이른 아침, 기도와 찬송이 울려퍼지는 가운데 조용히 눈을 감았다. 선생이 떠나는 길에는 양화진 묘소까지 수천 명의 인파가 뒤를 따르며 이 땅을 위해 베푼 사랑과 찬란한 업적에 대해 존경의 마음을 표하였다.

스크랜튼 선생과의 추억

노부인(스크랜튼 선생)은 나를 반겨 맞으며 처음 보는 사람이로되 친절한 태도는 오랜 동안 사귀어 아는 사이보다도 대단하였다. 나는 그날밤을 노부인 집에서 잤다. 아침에 일어나니 노부인은 여러 가지 음식을 풍성히 차려놓고 내게 많이 먹기를 권고하였다. 그러나 친척들의 굶주림을 생각하니 목이 메이고 눈물이 앞을 가려 그 맛있는 음식을 먹을 수 없었다. 조반 후에 노부인은 나를 자기 수양딸로 정하고 새 옷을 많이 주었다.

스크랜튼 선생은 과부 · 기생 · 고아와 같이 외롭고 천대받던 여인들을 데려다가 가르치고 길러내 한국 교회와 이 땅을 대표하는 여성 지도자로 우뚝 서게 했다. 이경숙 · 황메례 · 하란사 · 박에스터 등 한국 교회의 초기 여성 지도자들은 거의 선생의 지도를 받으며 성장하였다. 스크랜튼 선생의 가르침 속에 성장한 이들은 실로 20여 년의 한국 생활 동안 스크랜튼 선생이 피땀 흘려 일구어 놓은 큰 결실이라고 할 수 있다.

그러면 가장 가까이에서 스크랜튼 선생과 함께 배우고 공부한 학생들이 기억하는 스크랜튼 선생은 어떤 모습일까. 이제 잠시 그들이 간직하고 있는 스크랜튼 선생에 대한 기억 속으로 들어가 보자.

이화학당 최초의 한국인 여교사인 이경숙李慶淑(세례명 Drusilla)의 기억 속에 존재하는 스크랜튼 선생은 인자한 어머니상 그 자체였다.

> "노부인(스크랜튼 선생)은 나를 반겨 맞으며 처음 보는 사람이로되 친절한 태도는 오랜 동안 사귀어 아는 사이보다도 대단하였다. 나는 그날밤을 노부인 집에서 잤다. 아침에 일어나니 노부인은 여러 가지 음식을 풍성히 차려놓고 내게 많이 먹기를 권고하였다. 그러나 친척들의 굶주림

을 생각하니 목이 메이고 눈물이 앞을 가려 그 맛있는 음식을 먹을 수 없었다. 조반 후에 노부인은 나를 자기 수양딸로 정하고 새 옷을 많이 주었다." *

초례 때 잠깐 남편을 보았을 뿐 이내 사별하고 초년 과부가 되어 삯바느질 · 빨래 등의 일로 연명하던 불우한 여인 이경숙은 친척의 소개로 스크랜튼 선생을 만나게 되었다. 첫 만남에서 이경숙은 스크랜튼 선생의 친절한 태도에 마음이 녹아 버렸다. 천대받고 멸시당하던 가난한 집 과부를 가장 귀한 손님으로, 사랑스런 딸로 맞아 준 선생의 태도에서 이경숙은 삶의 한줄기 빛을 발견한 기분이었을 것이다. 스크랜튼 선생과의 각별한 인연을 바탕으로 이경숙은 교사로 합류하여 이화학당에서 학생들에게 한문과 한글을 가르쳤고, 서양인들을 구경하러 오는 조선 여성들에게 서양에 대해 소개하는 역할도 맡게 되었다.

신병 때문에 잠시 본국에 갔다가 돌아온 스크랜튼 선생을 다시 만난 후 이경숙은 "어찌나 반갑던지 돌아가신 부모를 만난 것 같았다"고 표현했다. 이경숙은 스크랜튼 선생이 세상을 떠날 때까지 전도부인으로서 그를 도우며 지방을 순회하고 조선 여

---

* 이경숙, 「예수는 내 생활의 보혜사」, 『승리의 생활』(노블부인 편), 조선예수교서회, 1927, 56쪽(이덕주, 『한국교회 처음 여성들』, 기독교문사, 1990, 22쪽에서 재인용).

성들을 가르치고 전도하는 일에 최선을 다했다.*

다음은 우리나라 최초의 여의사 박에스터의 기억이다.

> "내가 열 살 때 스크랜튼 선생을 만나러 가게 되었다. 매우 추운 날씨여서 부인이 난로 가까이 오라고 했는데 나는 부인이 나를 난로에 집어넣어 태워 버릴 것만 같아 두려웠다. 그러나 부인의 친절하고 아름다운 얼굴이 그런 생각을 떨쳐 버리게 하였다. 그 당시 학당에는 나 말고 3명의 여자아이가 있었다. 그때의 나는 밥 먹는 일 외에 아무것도 몰랐고 하나님이 계신다는 사실도 몰랐다."**

1886년 11월 이화학당의 네 번째 학생으로 스크랜튼 선생을 찾아온 박에스터(김점동). 처음에 그녀는 서양인에 대한 잘못된 편견으로 스크랜튼 선생을 두려운 존재로 생각했다. 그러나 곧 친절한 선생의 태도에 박에스터는 이경숙이 느꼈던 것처럼 편안함을 느끼게 된다. 밥 먹는 일 외에 아무것도 몰랐던 박에스터는 선생을 만나 주기도문 · 찬송 · 성경을 접하면서 서서히 하

---

* 이덕주, 『한국교회 처음 여성들』, 기독교문사, 1990, 21–27쪽.

** *Heathen Woman's Friends*, vol.25, No.2, aug. 1893, pp. 49–50(『이화 100년사』, 52쪽; 이덕주, 『한국교회 처음 여성들』, 기독교문사, 1990, 70쪽에서 재인용).

나님께 영혼을 구원받는 신앙 체험을 하게 되었고, 의사가 되어 하나님의 사랑을 실천하고 민족에게 봉사하는 길을 걷게 되었다.

그 밖에 스크랜튼 선생과의 인연으로 교사로서 전도부인으로서 활약한 여성들 중에는 하란사와 황메례를 들 수 있다. 하란사는 인천 세관의 관리였던 하상기와 결혼하였으나 평범한 생활에 만족하지 않고 새로운 삶을 개척하고자 1896년 이화학당에 입학하였고, 이후 미국으로 건너가 오하이오 웨슬리안대학에서 한국 여성으로서는 처음으로 문학사 학위를 받아 귀국하였다. 귀국 이후 그녀는 스크랜튼 선생을 도와 상동교회의 부녀사업에 참여하였고 이화에서는 영어와 성경을 가르치면서 기숙사 사감, 총교사로 '호랑이어머니'라는 별명을 들을 만큼 엄격하게 학생들을 지도하였다.

또한 황메례는 태어났을 때 점장이가 부모와 함께 있으면 단명할 운세라고 하여 버려지듯 스크랜튼 선생에게 맡겨졌었다. 그녀는 황씨 가문에 출가하였지만 곧 남편과 사별하고 스크랜튼 선생 밑에서 영어와 성경을 배웠다. 이후 정동교회 내의 부녀보호회와 엡워드 청년회의 의장으로 조직을 인도하였고, 스크랜튼 선생을 도와 상동교회 주일학교 성경공부반을 지도하였으며 이화학당 내에 러빙 소사이어티Loving Society를 직접 조직하고 지도하였다. 또한 1906년 엄비가 진명여학교를 세웠을 때에는 교사로서, 뛰어난 행정가로서의 능력을 인정받아 이 학교의 실질적인 운영을 담당하기도 했다.*

이상과 같이 초기 교회 활동에서 여성 지도자로서 활약했던 이들은 스크랜튼 선생과 특별한 관계를 맺으며 교사로서, 의사로서, 전도부인으로서 우리나라 여성들에게 복음을 전파하는데 최선을 다했다. 그런데 이들과 관련된 기록들 중에는 이경숙과 박에스터의 기록 외에는 스크랜튼 선생에 대한 인상이나 생각을 적은 글들을 찾을 수가 없다. 하지만 스크랜튼 선생과 이화학당의 인연으로 영혼을 깨우고 진정한 전도부인으로서의 삶을 살아간 그들의 행적을 볼 때 스크랜튼 선생이 그들에게는 기독교인으로서의 삶의 길을 제시해 준 믿음의 어머니였을 것임이 틀림없다.

스크랜튼 선생은 버려진 아이, 아무도 돌보지 않는 여인들을 모아 가르치기 시작했다. 스크랜튼 선생의 가르침을 받고 선생의 수양딸로서 선생을 도와 복음 전파에 최선을 다한 이들에게 스크랜튼 선생은 실로 인자한 어머니이자, 신앙의 어머니였다.

* 『이화 100년사』, 84–85쪽.

글을 맺으며

양화진 선교사 묘지에 있는 스크랜튼 선생의 비문에는 다음과 같은 글이 새겨져 있다.

> "오늘 이 땅에 자유 · 사랑 · 평화의 여성 교육이 열매 맺으니, 이는 스크랜튼 여사가 이화동산에 씨 뿌렸기 때문이다."

스크랜튼 선생의 이름 앞에는 늘 최초라는 수식어가 따라붙는다. 한국 최초의 여성 교육기관인 이화학당 창립, 최초의 여성 전문병원인 보구여관 설립, 한국 최초로 주일학교 시작, 최초의 여성 교회 창립, 한국 감리교 여선교부 초대 회장……. 스크랜튼 선생이 이렇듯 '최초'라는 타이틀을 많이 가질 수 있었던 것은 막 근대화의 길에 접어들고 있던 한국에서 개신교 선교사로서 복음의 전파자이자, 근대적인 서구 문명의 전파자로서 그의 역할을 충실히 수행했기 때문이다.

스크랜튼 선생은 한국인들의 대부인으로서 또 초기 한국 선교 개척자들의 어머니로서 열렬하고 지칠 줄 모르는 열성으로 봉사했다. 스크랜튼 선생은 암흑의 땅 조선에 와서 가난하고 소외된 조선 여성들을 위해 그들 내면에 간직한 무한한 가능성을 일깨워 주고자 노력했다. 이러한 헌신적인 노력이 있었기에 스크랜튼 선생은 거의 20여 년의 세월 동안 한국인들과 살면서 한국 여성들로부터 사랑과 존경을 받았던 것이다. 한국 사람들은 선생을 그들의 사랑하는 친구로 생각하고 크나큰 존경심을 가지고 '대부인'이라고 불렀다.

1886년 스크랜튼 선생의 노력으로 시작된 여성에 대한 교육은 선구적인 여성 지도자들을 양성하는 결과를 낳았고, 그 때 시작된 작은 불씨가 이 땅 곳곳에 퍼져 120여 년이 지난 지금은 세계를 향한 인류의 희망으로 환한 빛을 비추고 있다.

스크랜튼 선생이 조선 여성들의 마음속에 비춰 준 한줄기 빛은 조선 여성들로 하여금 자신의 능력을 개발하고 사회에서 충분히 자기 역할을 수행할 수 있도록 자신감과 용기를 심어 주었다. 조선 여성들의 무한한 잠재력을 확인하고, 자신의 능력을 개발할 수 있도록 가능성의 길을 제시해 준 것이다. 스크랜튼 선생의 숭고한 생애와 활동은 소외된 이 땅의 여성들을 위한 등불 같은 존재로 한국 여성사에 큰 스승으로 깊이 기억될 것이다.

양화진에 있는 스크랜튼 선생의
묘비(왼쪽)와 표석(위)

부록

한국에서의 여성 사업

1888~1895년의 한국 여성 선교 사업에 대한 총괄 보고서_ 스크랜튼

스크랜튼 연보

한국에서의 여성 사업*

1888~1895년의 한국 여성 선교 사업에 대한 총괄 보고서

스크랜튼

미감리회 해외여선교회의 한국 사업은 1883년 9월 오하이오주 레베나 작은 도시에서 시작된 것으로 볼 수 있다. 지방 선교회 모임이 그곳에서 열렸는데 당시 주된 관심은 일본과 인도 사업에 있었다. 그날 연사로 나온 사람들 머릿속에는 아직도 문이 열리지 않은 한국에 대한 생각은 없었다. 그런데 나이 많은 한 부인이 있어 하나님께서 그의 마음과 눈을 열어 주어 거기에 있던 다른 사람들이 잊고 있던 것을 보고 느끼게 해주었다. 그 부인은 일어서더니 말하기를 자기에게 약간의 돈이 있는데 그것을 하나님께 바치기로 결심했다고 했다. 그러면서 그 돈을 선교회에 맡겨 두어 적당한 때에 한국이 문을 열고 복음을 받아들이

* *The Korean Repository III-1*, 1896, pp. 2-9. 본 자료는 스크랜튼 선생의 1888년부터 1895년까지 한국에서 시행한 여성 선교 사업에 대한 총괄적인 보고서이다. 이는 연차보고서에 부분적으로 실려 있는 것을 제외하면 스크랜튼 선생이 직접 작성한 유일한 보고서라고 할 수 있으며, 미감리교 해외여선교부의 한국에서의 초기 여성 선교 사업의 내용을 파악하는 데 중요한 자료가 되고 있다.

게 될 때 사용하기를 바란다고 소원을 이야기했다. 부인은 그 돈이 씨앗이 되어 더 많은 기금이 빨리 모아져 한국에 있는 부인과 소녀들이 예수 그리스도 안에 있는 진리를 깨닫게 되는 데 사용되기를 간절히 소원한다고 했다. 바로 이때로부터 이 어두운 땅을 위해 하늘에 드리는 기도가 시작되었을 것이 틀림없다.

다음해 10월 미감리회 해외여선교회의 첫 한국 대표자로 내가 임명되었다. 조선으로의 출발은 신속하게 계획되었고, 기대가 컸다. 그러나 정치적인 상황이 좋지 못하여 지연되었고, 1885년 6월 20일 드디어 한국 땅에 첫발을 내디뎠다. 최근에는 더 많은 선교사들이 한국에 찾아오지만 내가 생각하기에 10년 전이나 지금이나 별 차이를 느끼지는 못할 것이다. 그래도 지금은 수평선 따라 희미한 빛과 희망이 존재한다. 10년 전 그 때에는 별빛 너머로 한줄기의 희망만이 보였을 뿐이었다.

당시 한국의 사정상 외국인의 존재가 달가운 것이 아니었기 때문에 미국 대리공사로부터 말과 행동에 각별한 조심을 하도록 경고를 받았다. 우리가 이곳에 온 목적도 밝힐 수가 없었고 우리가 할 수 있는 일이라곤 가능한 민심을 얻고 언어를 습득하는 일뿐이었으나 그것조차 쉽지 않았다. 우리가 부녀자가 있는 집에 가까이 가기라도 하면 그녀들은 창문을 닫고 방장 뒤로 숨어 버렸고 어린이들은 으악 소리를 지르고 달아났다. 말을 배우자니 책도 없고 선생다운 선생도 없었으며 통역이란 사람도 간단한 단어밖에는 하지 못하는 사람들이었다. 명사의 낱말을 배워 쓰는 데는 그런대로 뜻이 통했지만 동사를 쓰고자 할 때는 손짓, 발짓으로 시늉을 하여야 겨우 의사가 통하였으므로 우습다기보다는 진땀이 나는 일이었다.

그 당시에는 좋은 집도 없었다. 나의 응접실 겸 서재는 여덟 자에 열두 자 가량 되었다. 한쪽 벽을 제외하고는(이곳은 내 침실로 들어가는 쪽이었다) 삼면이 모두 종이로 바른 문이었다. 여름 동안은 그런대로 괜찮았으나 겨울이 되면 곤란함이 있었다. 밝음과 햇볕을 받아들일 유리창이 하나도 없었던 것이다. 그런데 어느 날 대리공사 포크George Clayton Foulk 씨가 반갑게도 사진 유리판 석 장을 선사해 주어서 나는 이것을 내 책상 옆에 있는 창호지에 끼우고 한쪽 눈으로나마 바깥 하늘을 내다보게 되어 무척 기쁘고 자랑스러웠다.

선교사들이란 세상을 떠나 사는 사람들이므로 '무엇을 먹을까'를 걱정해서는 안 되겠지만 첫 여름을 지내는 동안 선교사들은 먹을 것에 대해 걱정을 하지 않을 수 없었다. 그동안 아껴 온 음식물들은 나무통 속에서 모두 부패해 버리고 그것을 사 올 일본과 중국 땅은 너무 멀리 떨어져 있었다. 쇠고기는 병든 고기일 위험이 있어 먹지 못하였고 감자나 다른 채소들은 없었다.

닭고기와 달걀은 있었으나 모양만 고향의 것과 닮았을 뿐 맛은 매우 달랐다. 그래도 할 수 없어 닭과 달걀만 내리 한두 달을 먹고 나니 나중에는 코 속에서 닭 냄새가 났다. 오죽했으면 선교사들은 이집트의 부추와 양파가 그리울 정도였다.

처음 몇 달 동안의 경험은 여러 가지 시련을 겪어야 했음에도 불유쾌한 것은 아니었다. 처음에는 암담하기도 했으나 '한국에 오게 된 것이 기뻤다'고 말할 수 있다. 우리가 한국인들의 마음에 들었건 들지 않았건 한국인들이 우리 마음에 든 건 사실이며 그들에게 하나님의 축복을 전하고자 하는 욕망이 점점 커져 갔다.

한국이 빠르게 발전하기 위해서는 여성들과 소녀들에 대한 교육이 이루어지는 것이 급선무라는 생각에서 집과 학교 건물을 마련하기 위해 계획을 세웠다. 1885년 10월 처음으로 19채의 초가집이 즐비한 대지를 구입했다. 우리의 눈에는 그 자체가 그림이고, 하나님의 선물이자 아름다움이었다. 낡은 오두막집은 가치 있는 집으로 바뀌었다. 불모의 모래판은 푸르른 잔디밭이 되었고 좁은 자갈길과 더러운 하수도는 녹색의 테라스 안에 묻혔다. 1885년 겨울에는 가능한 모든 방법을 동원하여 새 건물을 지을 준비를 하였고, 1886년 봄에 실행에 옮겼다.

일하는 사람들이 땅을 파고, 쿵쿵거리고 망치질하는 소리는 마치 드럼의 장단처럼, 훨씬 더 달콤한 음악소리처럼 들렸다. 학교를 통하여 내가 그렇게 도와주기를 갈구하는 사람들에게 더 가까이 다가갈 수 있는 날이 점점 가까워져 오고 있음을 느꼈다. 우리의 집을 짓기 위해 나는 소리들은 내 마음 깊은 곳에서 '감사, 진실로 감사하나니'라는 울림의 소리로 바뀌었다. 같은 해 11월 해야 할 일이 좀더 남긴 했지만 드디어 집이 완성되었다. 일리노이 주 오크파크Oak Park의 블랙스톤M. E. Blackstone의 기부금이 집과 학교 건물을 완성하는 데 큰 도움이 되었다.

학교 수업은 새집으로 이사하기 6개월 전 스크랜튼 의사 자택에서 시작되었다. 첫 번째 학생은 어느 관리의 소실이었는데, 영어를 배워 왕비의 통역자가 되기를 바라는 마음에서 찾아온 학생이었다. 그녀는 단지 석 달 간만 머물렀다. 최초의 영구 학생은 김부인이 떠나고 한 달 뒤 1886년 6월에 왔다. 그 아이는 가난을 피해 들어온 학생이었다. 그러나 얼마 안 가 그녀의 어머니가 나타났고 자식을 외국인에게 맡기느니 차라리 굶어죽는 게 낫다고 얘기했다. 이웃 사람들이 그녀를 나쁜 엄마, 비정한 엄마라고 비난했고 그래서 절대로 아이를 노부인에게 맡길 수 없다는 것이었다. 게다가 이웃들은 서양인들이 얼마간은 먹을 것도 주고 좋은 옷도 입혀 주면서 잘 대해 줄지 모르지만, 결국엔 미국으로 데리고 갈 것이고 거기서 아이를 어떻게 할지 아무도 모른다고 말했다. 결국 아이를 절대로 이 땅 밖으로 데리고 가지 않겠다는 각서를 써주고서야 어머니를 안심시킬 수 있었다. 비록 몇 달 간이긴 했지만 그 어머니는 정말로 안심했다.

두 번째 아이는 집 없는 부랑아로, 병든 어머니와 함께 있는 것을 성 밖에서 스크랜튼 의사가 데려다가 그의 병원에서 치료해 준 학생이었다. 한국인들은 이 소녀들을 면밀히 관찰했다. 다른 어머니들은 이들이 절대 불행하거나 나쁜 대우를 받는 것이 아니라는 사실을 발견하고 나서야 점차적으로 조금씩 확신을 갖게 되었다. 그리고 언덕 위의 집으로 이사할 무렵에는 학생이 4명이었으며, 다음해 1월에는 7명의 학생이 있었다.

수업은 한 사람이 감당하기에 어려운 일이 아니었지만 그 외 건물 사정, 다른 업무나 책임 등까지 혼자서 떠맡기는 무리였다. 1887년 10월 20일, 우리에게 구원의 손길이 왔다. 그 날은 달력에 붉은 글씨로 표시되어 있었는데, 바로 그 날, 로드와일러L. C. Rothweiler와 하워드Meta Howard가 우리에게 온 것이다. 로드와일러 선생은 즉시 학교 수업을 시작했고, 하워드 의사는 스크랜튼 의사를 도와 선교부 병원Parent Board Hospital에서 일했는데, 이로써 여성들을 위한 의료 사업을 시작할 수 있었다. 그녀는 우리 병원으로 이사한 1888년 11월까지 계속 일했다.

1888년 1월, 우리는 주일학교를 조직했다. 물론 선교부 내의

멤버들 사이에서도 종교적 가르침은 있었지만 이는 극히 비공식적인 방식으로 이루어진 것이었다. 체계적이고 규칙적인 집회와 교육이 실시됨으로써 비로소 '감리교 신자'로 불리는 우리의 권리를 당당히 말할 때가 왔다고 생각했다. 주일학교는 12명의 여학생들과, 3명의 한국인 여성, 3명의 선교사 및 선교부 여성 한 명과 함께 시작했다.

한 달 후 여성들 사이에서 집회가 시작되었다. 이러한 조치는 한국 남자 기독교인들의 되풀이되는 요구에 의해 취해진 것이었다. 그들은 "우리는 배우고 있는데 왜 우리 아내들은 그 가르침을 받을 수 없느냐"고 재촉했다. 우리의 부족한 언어 실력 때문에 아직 공식적이고 규칙적인 교육을 실시할 수 없다는 변명에도 불구하고 그들의 요구는 계속되었고 우리는 더 이상 거절할 수 없었다. 그러나 이 집회는 두 달 후 지도자의 신병으로 더 이상 계속할 수 없었다.

1888년 5월 미국 공사로부터 어떠한 종류의 종교 교육도 중지하라는 통고를 받았다. 천주교인들이 모든 외국인을 위기로 몰아넣을 행동을 했으며, 중국(청나라)은–그 당시 우리가 생각하기에 그리고 지금도 우리는 그렇게 믿지만–정치적인 이유 때문에 이러한 불길을 더욱 부채질했다. 수주일 동안 국민들 사이의 흥분은 대단했고 외국인의 생명과 재산은 위협을 받았다. 이러한 상황하에서 우리는 소요가 진정될 때까지 학생들을 집으로 돌려보내는 것이 최선이라고 생각했다. 학생들은 보다 더 안전한 곳으로 간다는 사실을 기뻐하였지만 막상 우리와 이별할 때는 많은 눈물을 흘렸다. 그들은 우리가 반드시 죽게 될 것이고, 다시는 우리를 볼 수 없을 것이라고 생각했다.

두 차례나 군중들이 우리 대문에 몰려와서 하인들을 죽이겠다고 위협하였다. 경호인이 임명되어 이들이 충실하게 밤낮으로 우리 구역을 보호해 주었으며 미국 공사의 지시에 따라 우리는 언제라도 즉시 떠날 준비를 하고 있었다. 약 6주일 후 모든 소요는 끝이 났다. 학생들은 우리에게 돌아왔고 모든 일도 이전 상태로 회복되었다. 단 여성 집회만이 9월에야 재개되었다. 이때 우리는 휘장 뒤에서 여성들에게 이야기할 한국인 기독교인 남자를 고용했다.

이 모임에는 많은 사람들이 참석했다. 단순한 호기심만으로 참석한 사람도 많았다. 9월에는 3명의 여성(Mary, Martha, Salome)이 세례를 받았다. 그 후 몇 달 간 우리는 부흥일로에 있었다. 우리는 이 민족의 신임을 얻고 있다고 믿게 되었으며 또 많은 사람이 우리가 가르치는 교훈을 구원의 복음으로 확신하고 있다고 믿게 되었다. 그런데 갑자기 '예수의 이름으로 말하고 가르치는 모든 것'이 또다시 금지되었다. 우리는 부분적으로만 이러한 지시를 따랐다. 즉 공개적인 가르침은 중단하고 대체적으로 선교부 부인들과 여학생들과 함께하는 예배는 계속했다. 외부 여성들에게는 더 이상 오지 말라고 했다. 그러나 그들은 우리보다도 더 이 지시를 따르지 않았고, 지금이 아니라면 언제 다시 올 수 있는지 찾아와 묻곤 했다.

어느 주일 저녁, 한 부인이 금지 명령에도 불구하고 용감히 찾아왔다. 우리가 기도하는 중에 들어와 보이지 않는 구석에 앉아 있었기 때문에 예배가 거의 끝날 때까지 예배 인도자도 알아채지 못했다. 예배가 끝나자 그녀는 말했다. "제발 매주일 저녁마다 나를 여기에 오도록 허락해 주세요. 집에는 쌀도 조금밖에 없고, 땔감은 다 떨어져서 살기가 매우 힘듭니다. 여기에 와서 복음을 듣고 찬송을 듣는 것이 유일하게 내 마음을 평온하게 해 줍니다. 나를 매주일 오도록 허락해 주세요."

이러한 상황에서 당국의 방침을 따르는 것이 쉬운 것은 아니었다. 오히려 몇 달이 채 못 가 우리는 모든 금지법령을 잊어버리고, 이전 어느 때보다도 더 많은 열정을 가지고 전도 사업에 열중했다. 뿐만 아니라, 수주 전 우리 학생 중 3명과 언문 교사 1명이 세례받는 커다란 기쁨도 얻게 되었다. 1889년 가을 하워드 의사는 건강 때문에 부득이하게 미국으로 돌아가야만 했다. 그녀가 우리와 함께 있은 2년간 그녀는 3,000명의 환자를 치료했다. 이 일이 있은 직후 병원 대기실에서는 매일 전도 사업이 시작되었다. 이것은 오늘날까지 계속되어 많은 열매를 맺고 있다.

1889년 12월 31일자 통계를 보면 다음과 같다. 주일 저녁 예배자 중 우리 선교부 부인들과 학생을 제외한 연간 참가자 총수는 1,064명, 우리 의사 부재시 선교부 의사에 의해 치료받은 환자 수 2,000명, 학교 학생 수는 26명, 교회의 수습 신학생은 20명이었다.

1894년 봄, 로제타 셔우드 홀의사가 그녀의 남편 셔우드 홀 의사와 함께 평양에 왔다. 그들은 그 도시에 사는 여성들을 위한 의료 사업과 복음 사업을 개시할 목적을 가지고 온 것이었다. 홀부인은 우리의 에스터(김점동)를 보소로 데리고 가 그곳에서의 사업을 함께했다. 그들은 박해의 폭풍이 몰아치기 전까지는 그들의 고향으로 돌아가지 않았다. 얼마간은 그들뿐 아니라 그들과 관계된 모든 것이 위험에 처한 듯이 보였다. 그럼에도 불구하고 홀은 용감하게 시약소 문을 열었고 사업을 개시했다. 에스터도 보조 역할을 하면서 사람들을 가르치기 시작했다. 상당히 많은 수의 사람들이 외국 의사에게 치료를 받아 보고자 해서 왔고, 어떤 이들은 종교적인 복음을 얻으러 왔다. 그들은 이 사업을 단 2주일 동안만 계속할 수 있었다. 영국 공사는 그 나라의 어지러운 상황 때문에 즉시 서울로 돌아오라고 통고했다. 이것은 홀에게는 매우 유감스러운 상황이었다. 그녀는 허락만 한다면 언제든지 그곳에서 사업을 할 수 있을 것이라고 생각했다. 그녀는 여전히 얼마 안 있어 전도 사업을 재개할 수 있을 것이라고 기대했다.

1894년 봄 · 여름, 청일전쟁의 기운이 학교 운영을 불안하게 했다. 학부모들은 일본 군대와 수많은 청군이 북에서 내려오기 전에 아이들을 데리고 갈 수 있도록 허락해 달라고 간청했다. 그들은 "당신들과 함께 있는 것보다는 우리와 함께 있는 것이 더 안전하다고는 할 수 없지만 죽더라도 함께 죽는 것이 더 낫다"고 말했다. 이러한 분위기에서 우리는 학생들이 가는 것을 막을 수 없었고, 집도 친구도 없는 아이들을 제외하고 모든 학생들을 다 잃지나 않을까 하는 걱정도 되었다. 그러나 소요는 곧 끝났고 감사하게도 대부분의 학생들이 돌아왔다. 몇 명은 다른 지방으로 갔고, 2~3명은 어머니의 권유로 일찍 결혼을 해버렸다. 학교는 다시 회복되었고, 번창했다.

그러나 다시 동학난이 일어나고 전도 사업은 그해 전체 동안 거의 재개되지 못했다. 몇 주 동안 우리의 집회는 규모가 축소되었지만 주일학교가 생략된 것은 아니었다. 내가 알기로는 일주일에 하루로 규모만 축소되었다. 많은 유사한 예에서 나타난 어려움은 우리 민족을 하나님께 더 가까이 다가가게 했다. 우리는 어떤 사업을 제외하기보다는 우리의 사업을 더 이어갔다. 12월 1일, 종로에서 모임이 있었다. 우리 교회가 수적으로도 점점 커지고 정신적으로도 더욱 성숙해지는 시기가 얼마 남지 않았다.

다음의 간단한 기록들에서 나타나는 것처럼 몇몇 통계는 더 나아졌음에 틀림없다. 우리의 복음 전도자 중 한 사람의 6개월 동안의 보고를 보면 그녀는 140회의 집회를 실시했고 그 사람들 집으로의 신방도 50번이나 있었다고 한다. 다른 사람도 그 해의 8개월 동안 자신의 집으로 3,000명의 한국인들을 받아들였고, 그들 모두에게 종교적인 가르침을 주었다고 했다. 또 다른 사람은 30~65명 정도의 부인들과 소녀들만 참가하는 수일학교를 조직했다고 했다. 어느 교회의 보고를 보면 여성 신도의 수가 지난해보다 늘었고 교회도 상당한 증가를 보였다는 것을 알 수 있다. 우리 여성들은 하나님의 구원을 받기 위해 스스로 자제하는 법을 배우고 있었다.

약 100.00달러 이상이 정동교회의 건립 기금으로 모였고, 다른 교회들도 매주 그들의 능력에 비해 많은 기부금을 모았다. 그들은 부유해서가 아니라 가난했음에도 그만큼의 기부를 하였다. 커틀러Cutler 의사는 다음과 같이 보고했다. “병원은 단지 161일 동안 정규적인 사업을 진행했을 뿐이었다. 그러나 3,429

건의 치료가 있었고, 170명의 외부 방문자가 있었으며, 53명의 환자가 들어왔다. 3,302명의 여성들이 주일마다 시약소에서 가르침을 받았고 1,786명은 Sabbath에게서 가르침을 받았다. 우리 학교는 이전보다 더욱 커지고 풍요로워졌다. 지금은 43명의 학생들이 있다. 우리 학생들 중 5명은 전도부인으로 고용되었다. 어떤 이는 의학 공부를 위해 미국으로 건너갔고 또 다른 이들은 그들 자신의 집으로 돌아가 가정에서 그리스도적인 삶을 살기 위해 노력했다. 학교의 대다수의 학생들은 기독교인이었는데 학생들이 나이 들어서까지 하나님을 섬기고 하나님의 사랑을 이야기할 수 있는 그런 사람이 되기를 기대한다.

우리는 이 경이로운 사업을 위해 하나님께 기도드린다. 이 땅의 여성들과 소녀들의 가슴속에 하나님이 새겨지기를 기도한다."

스크랜튼 연보

1832. 12. 9.	미국 매사추세츠 주 벨처타운에서 출생
1872	남편과 사별, 외아들(스크랜튼 의사)과 살면서 감리교회와 미 감리교 선교부(W.F.M.S.) 등에서 간사로 일함
1884	W.F.M.S.의 강권으로 최초의 한국 선교사로 임명됨(52세)
1885. 6. 20.	서울 도착, 아들 집에 거하면서 선교 사업 준비함
1885. 8.	W.F.M.S.에 토지 구입 요청
1885. 10. 23.	정동에 여선교부 대지 구입
1886. 2.	정동에 교사 건축 시작
1886. 5.	스크랜튼 의사의 집에서 첫 학생을 받아 가르침
1886. 11.	최초의 한옥교사 완성하여 이사함
1887. 2.	고종으로부터 '이화학당' 명칭 하사받음
1888. 1.	학당 내에서 주일학교 시작
1888. 2.	여성교회 시작
1890. 5.	로드 와일러에게 당장자리를 물려주고 전도 사업에 전력함

1891. 3.	제1차 안식년 휴가
1892. 9.	동대문 볼드윈 예배당 내에서 부녀반 시작
1894	여성 최초로 지방 순회 전도 여행 및 남대문 달성교회 내 부녀반 시작
1895. 10.	달성교회 내에 달성매일학교 개설
1896. 9-10.	중국 여행
1897	2차 지방 전도 여행
1898. 11.	제2차 안식년 휴가
1899. 5.	주한감리교회여선교회 초대 회장에 피선됨
1901-1903	건강이 나빠져서 귀국
1903	다시 돌아와 상동교회(달성교회) 중심으로 전도 사업 계속
1908. 5. 31.	이화학당 초대 메이퀸에 추대됨
1909. 10. 8.	서울 자택에서 별세, 양화진 외인묘지에 안장됨

찾아보기

가우처(John F. Goucher) 20, 21-22

게일(J. S. Gale) 22

광혜원 31, 81 → 제중원

김옥균 21, 26

김윤식 57, 59-60

김점동 50, 118, 135 → 박에스터

대영성서공회(British Foreign Bible Society) 105

동대문 부인병원 101

러빙 소사이어티(Loving Society) 119

로드와일러(Louisa C. Rothweiler) 74, 90, 100

로제타 셔우드(Rosetta Sherwood) 74, 85, 87, 135

루시(Lucy Alderman) 97-98

매일학교(Day School) 97, 140

맥클레이(Robert S. McClay) 21, 28-29

메타 하워드(Meta Howard) 84

미감리회 해외여선교회(The Women's Foreign Missionary Society of the Methodist Episcopal Church) 16, 18, 126-127 → W.F.M.S.

박에스터 50-51, 77, 87, 116, 118, 120 → 김점동

배재학당 22

벵겔(Margaret Bengel) 74

보구여관(保救女館) 34, 80-81, 83-

87

볼드윈 부인(L. B. Baldwin) 18, 20, 24

볼드윈 시약소 86

블랙스톤 부인(M. E. Blackstone) 47, 130

상동교회 15, 42, 82, 99, 101-103, 106, 111, 119

스크랜튼 의사(William B. Scranton) 15, 17, 22, 24, 30-32, 41, 50, 58, 74, 81-85, 101, 130-131

시병원(施病院) 82, 84

아펜셀러 목사(Henry G. Appenzeller) 26, 30, 33, 50

알렌(Horace N. Allen) 31-32, 81

언더우드(H. G. Underwood) 22, 28-29

오링거 목사(Rev. F. Ohlinger) 96

이경숙 74, 116-118, 120

이수정 22-24, 26

이화학당(梨花學堂) 14, 34, 50, 58, 60-63, 66-67, 69, 72-74, 78, 83-85, 90, 97, 100-106, 112, 116-121

전도부인 100, 104-106, 111, 117, 119-120, 138

정동제일교회 96

제중원 31, 81 → 광혜원

주한감리교여선교회(Korea Woman's Conference) 105

하란사 106, 111, 116, 119

황메례 116, 119

W.F.M.S. 16-18, 20, 23-24, 28, 39, 46-47, 51, 59, 69, 74, 84, 105 → 미감리회 해외여선교회